Brigitte Sandberg

La valse mélancolique de Nice

© 2022, Brigitte Sandberg
Photo de couverture : Peinture de Brigitte Sandberg
ISBN : 9 78 2322411412

Édition : BoD – Books on Demand,
12/14 rond-point des Champs-Élysées, 75008 Paris
Impression : BoD - Books on Demand, Norderstedt, Allemagne
Dépôt légal : janvier 2022

La valse mélancolique

                                              Seite

La valse mélancolique de Nice (2021)	5
Parc minuscule	38
Amélie (2017)	47
Quelqu'un	59
Sophie la confiance et moi (2021)	63
Au chômage	80
L'amour-propre	83
Une allemande (2009)	87
La peinture	104

Premiers **Poèmes** en francais
Légèrement modifiés
(De mon livre : « Der seine Stirn an den Baum lehnte. Gedichte 1967-2017")

Le soir	114
Il neige	116
Le matin	119
La vie vacille	121

Les Poèmes de 2021

Le sourire	126
Les douleurs	128
La chambre à soi	131
Les larmes	134
Une petite reprise	135
Le durcissement	136
Le cauchemar (Ils frappent à la porte)	139
Nuit sans sommeil	143
La fille douce	152
L'aveugle	156
La lettre	160
La peur	165
La gelée blanche	170
L'homme imparfait	171

La valse mélancolique de Nice

Je suis là. Dans un appartement. La fenêtre ouverte. Je suis une étrangère. Je viens de l'étranger. À l'extérieur je suis muette. Presque. J'ai une vie intérieure. Ce n'est pas étonnant. À l'extérieur je suis comme une machine avec un mécanisme qui est pareil chez tout le monde. Je ne dis pas qu'on est manipulé, je dis qu'on est des robots. Nous avons tous les mêmes signes, une marche droite par exemple à moins qu'on ne soit pas handicapé. Mais à l'intérieur c'est le chaos bien que cela ne se voit pas à l'extérieur où chacun se comporte machinalement pour se déplacer. L'intérieur se fait remarquer par des mots. Du robot au regard humain sort des mots, des phrases. On les entend en passant devant lui ou à côté ou derrière. On les entend de loin et de tout près. Les gens ont besoin d'extérioriser leur intérieur, le chaos. On vit surtout par l'intérieur, un mélange de l'extérieur transformé et imagination, c'est là où bouge la vie, où elle peut virer au drame ou se transformer en bonheur.

Je suis dans l'appartement avec la fenêtre ouverte pourque je ne sois pas complètement séparée des autres, des rues, des immeubles, de l'extérieur. Déjà je me sens captive de cet immeuble-ci, de cet appartement qui est une protection contre les autres avec leur chaos à l'intérieur qui peut éclater à tout moment.

Je me réveille à 2 ou 3 heures dans la nuit aux cris d'une femme. Je me lève. Je descends de la mezzanine pour aller à la fenêtre ouverte, encore ouverte, ouverte toute la nuit, nuit et jour pour que je ne me sente pas séparée du monde pour que je me sente protégée si quelque chose de mal devait arriver, pour que je n'étouffe pas dans l'appartement ou je suis toute seule. La fenêtre ouverte est comme une porte ouverte sur la vie qui m'étrangle si je suis enfermée, car de la vie intérieure émergent des démons, le vécu, qui ne ressemble pas toujours à la beauté de la vie. Et bien sûr un cri d'une femme m'alarme naturellement aussi bien que les cris d'un bébé, d'un enfant, d'un jeune, d'un adulte, d'un vieux et d'une vieille.
Alors je suis descendue prudemment l'escalier étroit, avec attention, pas à pas parce que je

n'étais pas vraiment éveillée. Je n'ai pas besoin de me pencher au-dehors de la fenêtre, je les vois en restant debout devant la fenêtre ouverte. Je vois une femme et un homme. Un jeune couple se querelle à côté d'une voiture garée sur le trottoir à quelques mètres d'eux. La porte est ouverte mais je ne peux pas voir s'il y a quelqu'un/e à l'intérieur. La femme accompagnait ce qu'elle disait de grands gestes. Elle est évidemment hors d'elle, en colère. Elle insulte l'homme, lui fait des reproches à voix haute. Lui, il essaye de l'apaiser, il ne crie pas, il chuchote, il s'approche d'elle en lui chuchotant quelque chose dans son oreille. Elle le repousse en criant des reproches. Il reprend ses essaies, se rapproche d'elle puis lui chuchote à nouveau dans son oreille. Cela se répète incessamment jusqu'au moment où la femme lâche, s'arrête de crier et va avec lui vers la voiture d'où une autre femme descend, les deux femmes s'embrassent. Il semble que la femme qui avait descendue de la voiture essaie de réconforter la femme en colère. À la fin de cette scène de nuit l'homme se met derrière le volant, la femme descendue de la voiture y remonte et la voiture s'en va. L'autre femme reste seule dans la rue, elle la traverse pour ouvrir la large porte en bois d'en face de mon immeuble. La porte claque, elle est fermée. La femme disparaît dans l'immeuble. J'imagine qu'elle va regarder toute suite son portable. Je monte l'escalier et retrouve mon lit sur la mezzanine. Les yeux ouverts j'imagine ce qui a pu se passer entre les trois personnes.

Tous les soirs en préparant à manger, j'entends vers 19.00 heures la valse mélancolique qui fait remonter en moi mon histoire avec Luc qui n'est plus là, n'est plus dans ma vie, il ne se présente plus. Il ne regardera plus dans la fenêtre en me disant « bonjour » par un signe de baiser. Je m'arrête, mets le couteau sur la table, me rends à la fenêtre ouverte, me penche au-dehors de la fenêtre, regarde autour pour voir d'où vient la musique. Je ne vois personne. Mon appartement est au deuxième étage. En bas les rues se croisent, les bâtiments autour, mais je ne peux pas déceler d'où elle vient cette musique mélancolique qui me coupe le souffle comme l'histoire avec Luc. Qui ne répond plus déjà depuis un an.

Un autre jour la valse mélancolique fait remonter un bout de mon histoire de petite fille de 4 ans qui pleure incessamment dans le train, qui la transporte de l'Allemagne de l'Est en Allemagne de l'Ouest. Je ne m'en souviens pas. C'est ma sœur ainée qui me l'a dit. Je ne me souviens pas de mes premières années en l'Allemagne de l'Est ou je devais tout laisser derrière moi. Il n'était même pas permis que j'emmène une poupée que j'aurais pu serrer contre mon cœur dans mon chagrin d'avoir été déracinée d'un coup soudain.

Ce matin je vois les morts nus jetés par milliers dans les fossés ou ils étaient entassés l'un sur l'autre. Cette image se présente souvent. Ce sont les juifs qu'on a tués et bien d'autres gens innocents.
Il y a certainement un lien entre la fuite de mes parents et le fossé.

La valse reprend.

Comme tous les soirs je prépare à manger et je mangerai seule. Bien sûr. Il ne rentrera pas,

Luc. Il ne rentrera plus, il a disparu. Il voulait disparaitre.

J'imagine une fenêtre sans vitre. Je parle à Luc que je suppose sur l'autre côté du cadre rempli du vapeur au lieu d'un vitre. Bien sûr il ne me répond pas. Ça ne fait pas de différence si je le supplie si je suis dure si je le caresse, je peux faire n'importe quoi, même lui montrer des belles photos lesquelles il avait toujours aimées, rien, rien de l'autre côté du cadre de la fenêtre, il n'y a que le vide. Pourtant je sais qu'il est là bien que dissimulé dans une vapeur.

Ça me rappelle un monument de fer noir, un buste d'homme en fer qui ne disait rien, qui restait muet. Je lui parlais, mais il faisait la sourde oreille. Je l'ai même caressé. Je pense qu'il s'est moqué de moi, ne voyais-je pas un tout petit sourire méprisant dans les coins de ses lèvres ? Je l'ai photographié mais à vraie dire le portrait de l'homme en fer ne ressemblait en rien à Luc. Mon imagination voulait que cela soit ainsi. Tellement Luc me manquait. Connard, il me fuit. C'est bien son droit. C'est peut-être nécessaire. Pour qu'il se sente bien.

Pour qu'il se sente protégé de l'anarchie dans l'amour.

J'entends la valse.

Je me cache derrière la langue, une langue étrangère, car je suis allemande, mais ma langue maternelle c'est un problème pour moi parce que je la vomis comme un repas qu'on ne peut pas digérer. C'est une longue histoire, cela a commencé déjà dans le ventre de ma mère où j'entendais l'allemand, pour le dire plus exactement : C'était un dialecte allemand, un dialecte qu'on parle en l'Allemagne du Nord sur les champs entre paysans. C'était le brouhaha, j'entendais surtout des cris, des cris très agressifs et aigues qui voulaient être entendus, mais moi cachée dans le ventre je ne les ai pas compris. Les cris se sont perpétués, ne s'arrêtaient pas. Aussi bien que les mots du père qui arrivait ou quelqu'un, quelqu'une du même genre autoritaire de la famille.

Ici dans l'appartement j'entends la valse mélancolique d'Emil Darzins par la fenêtre grande ouverte. Je suis étrangère ici. Mon intérieur est façonné de ma langue maternelle mais également de la langue française derrière laquelle je me cache, laquelle est devenue ma nouvelle peau bien que je ne sois pas parfaite en français, loin de cela, mais il y a l'irrésistible désir de m'exprimer en la langue française, qui m'héberge au fur et à mesure que je refuse l'allemand, au fur et à mesure que je me bats, que je lutte contre elle comme contre une mère qui te prend dans ses bras si fortement que tu en étouffes. Qui voudrait cela ? J'ai la chance d'avoir trouvé protection, hébergement dans une langue étrangère.

Il se trouve que le français est la langue de celui qui n'est plus là, qui est parti, qui m'avait laissé dans la détresse. Ma nouvelle vie d'une femme abandonnée avait commencé, je sais que ne suis pas la seule à subir cela. Tout de même ça a été un coup dur. Deux ans ont passé et voilà que je suis à nouveau dans sa ville. Quelque part dans cette ville étrangère où il réside. Mais il ne se présente pas contrairement à la valse mélancolique que j'entends tous les soirs dans mon appartement ou je prépare à manger, mon repas que je prendrai seule.

La musique de la valse vient de loin, c'est plus émouvant que si je l'entendais dans l'appartement. Aussi il joue un rôle qu'elle n'est pas jouée par un piano mais par un orchestre. L'orchestre joue la valse avec entrain, pour après ralentir le tempo et devenir presque inaudible pour se lever à nouveau conforme à mon histoire avec Luc. Cette valse est comme un manteau qui entoure ce drame, ce bonheur aussi, les jours heureux et sombres, ce manteau couvre deux personnes qui s'aimaient, qui s'aiment peut-être encore.

La valse mélancolique me réconforte, me fait cadeau de notre histoire, de notre relation, de notre amour qu'on avait bercé comme un bébé aimé. Nous étions des adultes mais aussi des tout petits bébés. On s'est aimé de la tête aux pieds. Et puis la relation s'est brisée. Je ne voulais pas. Mais lui il le voulait même contre cœur pour des raisons raisonnables, sages, sensées, saines.

La valse me caresse, caresse notre histoire, je suis tout à fait plongée dans le passé de notre amour. Je ne croyais pas que cela m'arrive, maintenant où tout est foutu en l'air où il ne se présente plus, l'amour d'antan me revient et me caresse. Après une demi-heure environ, la musique de valse mélancolique s'arrête. Merci à celui qui quotidiennement me fait le cadeau de cet amour qui n'est plus, exactement au moment où je suis toute seule pour une semaine dans cette ville où habite celui qui ne veut pas me revoir. Entend-t-il aussi cette valse mélancolique ? Se souvient-il de notre amour ? A-t-il encore gardé le souvenir ou est-il déjà effacé de sa vie ?

Mon français est loin d'être parfait. C'est peut-être Sophie, qui s'occupera de mes fautes si elle veut bien, naturellement je la payerai pour son travail. Il m'est indispensable et essentiel de me réfugier dans cette langue étrangère pour éviter, pour fuir ma langue maternelle, l'allemand.

Ma mère de l'Allemagne du Nord se plante devant moi : « Ouvre ta bouche ! Encore plus ! Mange ! » Elle y fourre quelque chose dans ma bouche que je ne veux pas. « Avale ! » Si tu ne l'avales pas tu le regretteras, je te donnerai des claques. Je te taperai dessus. Car je suis ta mère et on mange ce que la mère a préparé, ce qu'elle

a considéré comme bon. Ce qui vient de la mère est toujours bon. C'est ainsi avec mes repas comme avec mes idées. Tu dois tout avaler bien que tu ne le veuilles pas. Tu es obligée. »
La mère est grande et forte, elle a des bras comme s'ils étaient en fer. Si elle sourit c'est plutôt une grimace de défi.

Luc connaît l'appartement aussi. Il y était. Nous y étions. On est monté sur la mezzanine. On a couché ensemble, sauf….. Il connait aussi la douche, qu'il aimait trop. Nous deux l'aimions. On prenait plaisir sous la douche de nos corps que nous avions savonnés réciproquement. Il appréciait ma douceur et moi la sienne. On apprenait tous les deux. On ne s'est pas fait du mal ce qui peut vite arriver à un certain âge sans le vouloir. Ce que nous avons vécu on ne l'avait pas vécu avant. Quand-même tout cela avait pris fin. Je ne voulais pas que ce soit fini, mais ça s'est fini.
Peut-être mon français imparfait jouait un rôle. Je ne sais toujours pas, Luc devenait de plus en plus muet. Il disait que mon français ne venait pas aisément, que je ne parlais pas couramment. Mais je pense qu'il y avait d'autres raisons,

peut-être aussi parce que j'étais allemande. Sa ville où il vit depuis des décennies était occupée par les nazis allemands, ce qui a été très grave, la terreur. Luc n'était pas encore né à l'époque. Il ne voulait jamais parler de la guerre, de ses parents et de ses grands-parents. La seule chose qu'il disait c'était qu'ils avaient eu faim.

L'occupation à Nice était dure pour les juifs mais aussi pour tous les autres, qui s'y sont réfugiés. Je pensais à la belle ville, à sa beauté, au ciel bleu, à la mer bleu azur, mais maintenant je sais qu'il y a un gouffre en dessous, un abime, créé par les nazis. Je ne sais pas si Luc aussi le sait, le sait dans les détails. Peut-être il ne voulait pas troubler la beauté de notre rencontre.

L'histoire me concerne que ce soit en France ou en Allemagne, que ce soit dans sa ville française ou dans ma ville allemande. Toute l'horreur de ce monde peut surgir à tout moment, peut couper le souffle, peut donner envie de mettre fin à sa vie.

L'appartement que j'ai adopté comme « mon chez moi à Nice », n'était pas loin de la mer, ni du « vieux Nice », ni des parcs dans les alentours, ni de mes magasins de nourriture. J'habitais dans le centre, en plein milieu de la vie palpitante. Je vivais au deuxième étage. Quand on marchait dans le long couloir, l'appartement était à la droite, rentrée je tournais la clé. J'ouvrais la fenêtre dès mon premier jour et je la gardais ouverte tout au long de mon séjour ensoleillé et chaud. En entrant j'étais déjà dans la cuisine avec la table et les chaises, le sofa et la télévision, que je ne regardais presque pas, contrairement au premier séjour dans le même appartement. Je me souviens d'avoir regardé lors de mon premier séjour le film de Jaques Rouffio sorti en 1982, adapté du roman du même titre de Joseph Kessel publié en 1936 « La Passante du Sans-Souci » avec Romy Schneider et Michel Piccoli, lesquelles j'aimais bien. À l'époque Luc me disait, que lui aussi avait vu le film mais qu'il s'était endormi probablement parce que c'était la deuxième fois qu'il le regardait. Pendant mon séjour-ci j'avais besoin de plus de repos c'est peut-être la raison pour laquelle je n'ai pas regardé la télé mais aussi parce que je n'y ai rien trouvé d'intéressant et en outre je me suis sentie fatiguée car j'étais sur mes pieds pendant toute la journée.

Pour aller aux toilettes je devais monter l'escalier métallique en spirale, au début le métal m'avait dérangé et que l'escalier était si étroit, mais entretemps je m'en suis habituée, je prends cela comme sport. En haut il y a aussi le lit, c'est un grand lit confortable pour deux personnes. Luc le connaît aussi, on a été bien dedans. Dans la chaleur et dans l'amour. Je n'oublierai jamais son corps aimé et son désir. La douche est près du lit, trois ou quatre pas et on y est. La douche avant, la douche après, cela nous amusait beaucoup. Le temps s'arrêtait sur la mezzanine. J'aimais bien l'intimité de cet endroit. A côté de la douche il y avait un grand lavabo, au mur un miroir également grand avec un joli cadre. Derrière un rideau était une machine à laver, mais je ne l'utilisais jamais, puisque mon séjour d'une semaine ne le demandait pas. Je me sentais à l'aise dans cette salle de bain avec ses dalles de marbre. Les murs marrons de l'appartement ne me plaisaient pas, mais avec le temps une chaleur y ressortait et je me suis installée confortablement. En bas je faisais la cuisine à côté de la fenêtre ouverte.

En regardant dehors je vois une rue avec un magasin de vêtements, des passants, un coin de ciel, une impasse privée qui mène les voitures des immeubles dans une garage. La rue et l'impasse formaient un angle. Le bruit de la rue était moins fort que lorsque deux rues bruyantes s'étaient croisées ce qui était le cas sur l'autre côté de l'immeuble. Là où nous nous sommes rencontrés la toute première fois, c'était dans le café au coin. Il y avait dans la même rue un magasin de bijou où je me suis achetée une bague en argent avec deux pierres de quartz rose. Elle présentait pour moi une bague d'amour tant j'étais amoureuse. La porte d'entrée de mon immeuble était une grande porte en bois, je l'aimais aussi bien que l'escalier qui menait au deuxième étage dont les marches spacieuses étaient en marbre. Il y avait un ascenseur mais je ne l'utilisais pas, j'aimais tant l'escalier spacieux. Dans l'immeuble il y avait d'autres appartements du même propriétaire, mais je préférais toujours le studio numéro 14. À part cela, des particuliers y vivaient. Lors de mon dernier séjour j'ai souvent rencontré un locataire, un vieux petit homme, qui fumait devant la porte d'entrée de la maison. Elle hébergeait par ailleurs plusieurs cabinets médicaux. À l'intérieur du bâtiment on n'entendait pas de bruit, aucun son, ce qui me convenait. Il est intégré dans le quartier, c'est un vieux bâtiment, il n'était pas construit expressément pour les touristes comme le sont d'autres immeubles. Je me demande s'il y avait à l'époque de l'occupation des juifs qui y ont vécu ou une cave de la gestapo. Je sais que la propriétaire est juive, car quand elle a été en retard avec ses réponses elle donnait pour excuse qu'elle est juive et avait été occupée par les jours de fêtes juifs.

Ce que j'avais appris c'était que la gestapo, les nazis, pendirent en juillet 1944 aux lampadaires de ces arcades de l'avenue Jean Médecin, qui sont aujourd'hui celles des galeries Lafayette, deux résistants qui avaient été dénoncés. Ils s'appelaient Torrin et Grassi. Leurs corps restaient pendus pendent trois heures sous ces arcades. Les lieux principaux de torture et d'exécution des résistants à Nice étaient la villa Lynwood (Lambert aujourd'hui) à Cimiez, la villa Trianon à Cimiez et l'hôtel Hermitage à Cimiez. Cimiez est un quartier riche à Nice.

La Wehrmacht avait installé son quartier général à l'hôtel Atlantic, un hôtel qui existe toujours au 12 Boulevard Victor Hugo, à 100 m de Nice Étoile et de la rue Jean Médecin. L'un des pires SS pour diriger la Gestapo locale et faire la chasse aux juifs et aux résistants était : Alois Brünner. À l'hôtel Excelsior près de la gare on torturait et on exécutait froidement. L'Excelsior et la villa Trianon fut synonyme de terreur et de mort. (niceazur.com)

Après ma journée dès que rentrée je commence à éplucher les carottes et les pommes de terre. Soudain je m'arrête, mes bras s'abaissent, l'épluche-légumes reste immobile dans ma main droite, mes mains s'appuient sur le plan de travail. J'écoute, mon oreille droite se tourne vers la fenêtre ouverte. Je souris tristement, la valse mélancolique a commencé comme hier, comme avant-hier à la même heure et les jours avant-hier. Je me laisse bercer, rentre dans mes rêves dans lesquelles je suis avec Luc qui me touche, qui me pénètre, qui m'imprègne de son corps, de lui, de son désir, de son âme. Nous sommes des amoureux.

L'un dans les bras de l'autre, nous y sommes. Nous sommes une unité. J'écoute la valse entièrement jusqu'au moment où il s'arrête, jusqu'au bout. Après je bouge mes mains, dans la main droite je tiens encore l'épluche-légumes. Je continue mon travail. La préparation de mon repas. Je mangerai seule.

Pendant la journée j'avais fréquenté un parc pas trop loin de mon appartement qui m'attire, je ne sais pas pourquoi mais je m'y sens bien là-bas, c'est peut-être dû aux palmiers très hauts et aux nombreux monuments. Il y a aussi une étagère avec des livres usés, déjà lus, qu'on peut emmener si on s'y intéresse. J'ai pris le livre « les Thibault », roman de famille en huit volumes, dont l'auteur Roger Martin du Gard est lauréat du prix Nobel de littérature en 1937, il habitait le Grand Palais à Nice pendant une majeure partie de la guerre, avant d'aller se réfugier à Piérac. Il repose avec sa femme au cimetière du monastère de Cimiez, sur les hauteurs de Nice. On peut lire sur sa tombe « Je suis ce que tu seras » « Sum quod eris ».
Je m'assois sur un banc et je dis bonjour à une femme qui s'y assoit aussi. Elle a toute de suite

reconnue mon accent allemand, bien que je n'aie dit que le mot « bonjour ». Elle me demande pourquoi les allemands ont fait cela. Elle est juive et veut savoir si je croyais que cela pourrait encore se reproduire. Oui, je crois que oui. Je suis née après la seconde guerre mondiale, mais toujours angoissée par ce thème qui m'accompagne. Souvent quand la porte du tram s'ouvre j'ai peur que ce soit des nazis qui entrent bruyamment et brutalement en choisissant les gens comme ils le veulent, comme cela leurs chantent, sortent avec eux, la porte se ferme et le tram continue. Comment dire à la femme, je fais de mon mieux de lui l'expliquer. Elle en reste pensive. Son visage me hante encore quand je suis de retour, il est inoubliable, c'est la question dans ses yeux : Pourquoi ?

La vieille femme est née en Égypte d'où elle devait partir à l'âge de 14 ans parce que le régime égyptien à l'époque le souhaitait, chassait, comme elle dit, les juifs mais aussi tous les étrangers. Elle et ses parents se sont réfugiés en Israël, vivaient par la suite dans un Kibboutz, ce qu'appréciait l'adolescente. Après son bac elle faisait son service militaire, puis son mari, elle et les enfants ont émigré en France. La vieille dame vit tout près du parc et vient ici plusieurs fois par jour. C'est bien, puisque comme ça elle peut bavarder avec les gens, qui sont des Niçois et Niçoises et des touristes. Cette femme blonde de petite taille aimerait me revoir le prochain jour, mais comme il sera mon dernier jour je ne veux pas le promettre, cependant selon toute probabilité c'est oui. Sa fille vit à Nice avec sa propre famille, c'est elle qui lui apporte des livres de la bibliothèque, c'est pour ça qu'elle n'a pas besoin de prendre les livres usés qui sont à la disposition de tous dans ce parc. Je suis désolée de la laisser, mais j'ai aussi un peu peur d'elle parce que je suis allemande. Elle dit qu'en Israël on dit « Jecke » pour désigner un allemand, une allemande. C'est du yiddish et signifie « méticuleux » dit-elle. Elle reprend plusieurs fois ce sujet et s'amuse beaucoup de ce mot. Elle donne un exemple : Si un allemand veut acheter un truc qui est en rupture du stock et on lui propose d'acheter un truc similaire, l'allemand le rejette car ce n'est pas tout à fait la même chose, ce n'est pas à ce qu'il s'attendait. Ça c'est un allemand méticuleux dit la femme en riant. Ça l'amuse beaucoup. Comme si elle avait reconnu dans le méticuleux il-même le caractère allemand.

Elle-même se souvenait qu'en Allemagne on appelait « Jecken » les gens qui fêtaient le carnaval On dit c'est un Jeck, ce sont des Jecken. Les gens qui se déguisent pour la fête, la célèbrent avec exubérance, ils chantent de façon hilarante, ils se balancent bras dessus, bras dessous au rythme de la musique du carnaval, ils sont hors d'eux, se comportent hors règles durant les jours de fêtes où coule beaucoup d'alcool. On dit aussi : « Tu es jeck ! ». Du bist wohl närrisch ! Fou(folle), sot(sotte). D'après Wikipédia à l'origine de ce mot était une désignation pour les immigrants allemands juifs dans les années 1930 à Palestine et leurs descendants.

Les monuments dans ce parc n'intéressent pas particulièrement la vieille femme juive, mais moi j'en suis attirée. « La femme endormie », une sculpture du sculpteur Volti, dont j'avais déjà vue ses autres sculptures à Villefranche.

« Main à l'urne » d'A. Greck en hommage aux victimes de la guerre Algérie. « Aux martyrs de l'Algérie » est écrit sur la pierre.

Dans ce jardin se trouve aussi un « Monument à la gloire des quatre maréchaux de France », héros de la guerre 1939 – 1945 et inauguré le 18 juin 1985.

Le maréchal Leclerc est à la tête de la 2^2 DB qui libère Paris puis Strasbourg avant d'entrer en Allemagne.

Pierre Koenig, Alphonse Juin.

Jean de Lattre Tassigny. Il ordonne en novembre 1942 a ses troupes de résister à l'invasion allemande de la zone libre.

(Sur la page du Musée de L'Armée/ Fiche-Objet/Espaces « Seconde guerre mondiale »)

Ce « Jardin Alsace-Lorraine » est créé en 1887 le long des boulevards Gambetta et Victor Hugo et baptisé « jardin du roi », en hommage au roi du Wurtemberg, hôte assidue de Nice avant et après de la guerre de 1870. Il fut rebaptisé de son nom actuel « Jardin Alsace-Lorraine », dès la guerre de 1914 en hommage aux deux provinces arrachées à la France en 1871. (Sur la page comtedenice.fr)

Comme tous les soirs je m'arrête d'éplucher les légumes, car la valse commence, je ne reste pas immobile devant le plan de travail, je vais à la fenêtre, me penche au-dehors. Une fois de plus j'aimerais savoir d'où vient cette valse mélancolique. Dans la rue je ne vois aucune personne avec une radio ou Disc-Player. J'observe les fenêtres des immeubles en face. Il y a un appartement aux fenêtres grande ouvertes, il est au dernier étage et ses vitres descendent jusqu'au sol de l'appartement. J'y vois une grande table avec un grand Laptop, mais je ne vois personne. Il se peut que la valse mélancolique vienne d'un programme installé sur un ordinateur. Je ne le sais pas. J'écris un petit message sur WhatsApp au secrétaire des appartements. Il répond qu'il l'entend aussi qu'il pense que c'est juste pour le plaisir. Le lendemain je demande dans deux cafés tout près s'ils savent d'où vient la musique. Mais eux ils n'ont rien du tout entendu.

Je continue mon chemin jusqu'à la plage où je trouve la communauté des vieux charmants et des vieilles charmantes, c'est aussi un rituel de tous mes jours d'y aller pendant mon séjour à Nice. Je n'aurais jamais cru que j'aimerais la peau ondulante d'un vieillard ou d'une vieille. La scène était ensoleillée : leurs corps, leurs visages, leurs sourires. Bien que je ne sois pas en maillot de bain comme eux, car je n'avais pas apporté à Nice mon maillot de bain parce que je ne m'attendais pas à ce qu'il fasse si chaud et ensoleillé en septembre, les gens autour de moi, qui étaient assis par terre tout près du bord de la mer, m'acceptaient comme j'étais, en jean et en blouse. Ce fut un vrai plaisir de voir leur joie de nager, de se sécher après, de se parler, de bavarder avec leurs amies qui étaient là aussi. En rétrospective je vois l'homme devant moi, qui sortait prudemment de l'eau, ce qui était un défi, car il fallait monter sur les piles de galets, les traverser pour trouver sa place sur la plage de galets. Quand ce vieux sympathique, souriant de son plaisir de nage, montait les monticules de galets, je voyais ses seins tombants. Je n'en revenais pas, comme ci quatre tissus pendaient et collaient l'un à l'autre. Une impression étrange, quand-même je trouvais ce petit vieux adorable dû à son visage sympa et ses yeux amicaux. Je ne me suis pas rendue compte de mon état solitaire parmi eux et aussi que j'étais la seule habillée. Ce n'était qu'à la maison à Hambourg quand j'y ai repensé, que je m'en étais aperçue. Il y avait aussi un couple avec un bébé d'environ un an, deux ans. Les parents avaient mis une bouée autour du petit bébé, une fois dans l'eau un parent a poussé le bébé vers l'autre parent. Le père et la mère étaient écartés de 15 à 20 mètres. Le père recevait le petit bébé dans son bras, aussitôt il lui donnait un coup pour qu'il s'en aille chez la mère et ainsi de suite. L'enfant était en sécurité, apprenait à avoir confiance en l'eau. C'était sympa que les parents aient une si belle idée d'habituer le bébé à l'eau. Je me suis demandée si on pouvait les comparer avec les parents qui habituent leur petit enfant de 3 ans à un instrument de musique comme par exemple le piano. La mère disait qu'ils venaient de Grenoble où ils habitent, mais les grands-parents sont ici à Nice. Je trouvais notamment la mère très forte, car elle montait les piles de galets en portant le bébé dans un seul bras. Elle devait être très sûre de ne pas tomber. Tout le monde portait des chaussures de bain pour ne pas sentir les douleurs sous les pieds en marchant sur les galets. Il y avait même une vieille dame qui allait dans l'eau harnachée de pied en cap, l'équipement couvrait ses bras aussi bien que ses jambes et sur la tête elle avait mis une casquette. Une fois dans l'eau elle prenait le large, je ne la voyais pas revenir. Il y avait une autre belle femme, très vieille et très ridée en maillot de bain de toutes les couleurs vives avec des cheveux extrêmement courts. Normalement je m'effrayerais de voir tant de peau ridée, mais cette femme était à admirer, elle était si belle avec ses rides, sans gêne elle marchait droite sur ses deux jambes bronzées, bien sûr aussi ses bras et son visage étaient bronzés. Bien que son corps soit plein de rides elle était rayonnante de beauté.

La plupart des gens nagent, mais il y en a aussi ceux qui ne font que se reposer. Deux femmes assez rondes sont allées dans l'eau avec des coussins en plastique sur lesquelles elles mettaient confortablement leurs bras croisés. Face à face elles restaient une bonne demi-heure en se parlant. Peut-être pensaient-elles que ce serait assez de sport d'escalader sur les piles de galets pour arriver à la mer et d'en sortir en grimpant. C'est vrai que ce sont des minutes où les gens se concentrent pour ne pas glisser sur les galets, pas mal d'eux y vont et sortent sur quatre pattes. J'ai même vu quelques-uns qui glissaient sur leurs fesses pour ne pas déraper sur les galets en y marchant debout.

Cette scène de plage me rappelait un film espagnol hors mainstream, qui documentait la vie des vieux et des vieilles sur leur plage où ils allaient tôt le matin tous les jours en été et en hiver. Chacun, chacune gardait sa place, avait son petit royaume. Ils se souriaient, se disaient bonjour mais à part cela ils restaient dans leur espace sur la plage. J'avais beaucoup aimé ce film qui avait bien sûr peu de spectateurs et de spectatrices dans le tout petit cinéma 3001 à Hambourg.

Un autre film qui jouait à Cuba, me vient à l'esprit dans lequel le corps âgé est important. Un couple vieux et toujours amoureux vit dans la pauvreté. Je crois que c'est par un hasard que l'homme trouve une caméra vidéo. Par plaisir ils se prennent en photo quand ils se caressent l'un dans les bras de l'autre sans avoir honte de leurs vieux corps nus. Puis en manque de nourriture l'homme essaie de vendre la caméra, il oubli leur vidéo et celui qui s'intéresse à la caméra, s'intéresse encore plus au jeu tendre du vieux couple sur le vidéo. Il voulait en faire profit et proposait à l'homme de continuer à faire des vidéos similaires en exploitant plus leurs corps, de faire un « porno soft » pour les vieux. Le couple ne voulait pas mais essayait tout de même car ils ont eu faim. Cependant ils se sont rendu compte que le jeu tendre leur avait plu par contre un « jeu forcé » les dégoutait. Malgré leur faim ils ont retiré leur engagement.

En revenant je suis passée par la coulée verte, »la promenade du Paillon», une espace verte bordée de bancs, au milieu des aires de jeux pour enfants, fontaines et arbres. Je ne sais pas ce qui m'avait pris mais je me suis levée de mon banc, et me suis allongée sur le gazon en mettant mes jambes contre un arbre olivier. Ce n'était pas quelque chose d'étonnant si on pense qu'il y a beaucoup de gens qui font du yoga à l'air frais comme le groupe de yoga qui avait fini et partait. Tout de nos jours se passe avec musique même au cours de yoga. Ce n'était pas de musique de méditation, non, c'était plutôt une musique disco. Pas mal de gens prennent le yoga comme sport au lieu de relaxer avec les

« asanas ». Je faisais quelques exercices, les gens qui regardaient ne me gênaient pas car ils sont habitués aux personnes pratiquant le yoga ou le tai chi ou un autre « sport » à l'extérieur. J'ai aimé ma séance de yoga au grand air.

Quand j'entendais en fin de journée la valse mélancolique j'ai repensé aux boites aux lettres qui portaient le visage de Simone Veil. Je m'étais arrêtée devant la mairie dans la petite rue « Rue de l'Hôtel de ville » que je traversais pour aller à la mer. À travers la grille je voyais son portrait peint sur la boîte à lettres. On n'avait pas accès probablement parce que les boites à lettres avec le portrait de Simone Veil, l'ancienne ministre, rescapée des camps de la mort, avaient été taguées à Paris d'une croix gammée sur son visage. Cet acte antisémite est abject. Elle avait défendue l'européanisme, les droits de femmes, la mémoire de la Shoah. Elle a réussi que la loi à l'interruption volontaire de grossesse, dite « la loi Veil », qui encadre une dépénalisation de l'avortement en France, a été inauguré le 17.1.75. Simone Veil est décédée le 30.6. 2017.

Je me souviens de mon propre avortement. C'est un destin de femme, du corps de la femme. Parfois ça finit en tragédie parfois ça se passe bien, comme ça a été dans mon cas. J'ai payé à l'époque 1000 DM à la gynécologue qui a été assisté par son mari. J'avais 22 ou 23 ans et je n'avais aucun mal après l'intervention. Par la suite j'y ai souvent pensée, aussi à l'homme avec qui c'était passé. Il ne voulait en aucun cas avoir un enfant et moi j'en avais déjà un sans père. J'étais étudiante et une vie mal réussie derrière moi.

Peut-être la boite à lettres avec le portrait de Simone Veil se trouve à Nice parce qu'elle y est née et y a été au « lycée de jeunes filles de Nice ». Viviane Eleuche-Santini a écrit en 1988 une « Histoire du Lycée de Jeunes Filles de Nice », publié par les Editions Serre. Elle y relate les derniers mois passés par Simone Veil au lycée juste avant son arrestation et déportation à l'âge de 16 ans. : « Simone Jakob (Veil), a fait comme ses sœurs toutes ses études au lycée de jeunes filles de Nice. À la rentrée de 1943 elle entre en classe de philosophie. Elle quitte le lycée le 12.11.1943. La directrice

convoque : « Vous comprenez…ne m'en veuillez pas…. Tout cela est terrible…. J'ai la responsabilité de tant d'enfants… ». Bref, Simone Jakob est priée de quitter l'établissement, parce que la directrice ne veut pas prendre la responsabilité d'avoir une élève juive. Parce que la gestapo pourrait à tout moment venir et arrêter l'élève juive. »
« Il y a l'interprétation gentille », expliquera Simone Veil : « Elle souhaitait me prévenir pour que je ne prenne pas de risques. Et puis il y a l'autre explication, pour laquelle je penche plutôt en me mettant dans le contexte de l'époque ; elle ne voulait pas se mettre en situation d'avoir à se demander que faire si les allemands venaient. » Simone Veil, sa sœur, son frère et sa mère sont cachées par des professeurs du lycée. Mais Simone veut passer les épreuves du baccalauréat. Le 30. Mars 1944 les épreuves sont terminées ; Simone Jakob est dans la rue et alors elle est prise comme tous les passants dans un contrôle. Les agents de gestapo l'arrêtent. … »

C'est peut-être dû à mon histoire d'amour perdu qu'à la fin de mes vacances j'ai oublié ma bague dans l'appartement. Peut-être c'est un signe que je dois y retourner pour récupérer ma bague (en ce moment protégée dans un tiroir du secrétariat) et récupérer peut-être aussi mon amour, « mon cœur » ce qui a été notre nom attachant, notre mot tendre, qu'on utilisait pour dire combien l'autre nous était cher, pour exprimer notre amour pour lui.

.

Le parc minuscule

Toujours à la même heure les jours où j'y suis la femme sort d'une porte étroite, cachée derrière les broussailles. La porte grince et je lève la tête, moi qui lis assise sur un banc. En entendant ce grincement je sais qu'elle va sortir des broussailles en fumant une cigarette dont la blancheur lumineuse atteint mes yeux ainsi que la blancheur de sa blouse. Son pantalon d'été est noir. Elle promène son petit chien blanc dans ce trou sablé, vert et assez tranquille, caché parmi des maisons de la ville. Après, elle disparaît à travers la même porte sans avoir regardé autour d'elle. Elle est pressée que tout se passe vite, elle n'a même pas fini sa cigarette. Pour elle ce trou n'a que le sens d'absorber le pipi de son chien.

Je suis à nouveau seule avec le soleil qui brille autant sur les lettres noires que sur le papier blanc du livre ouvert que j'ai laissé descendre sur mes genoux.

De l'autre côté du petit trou avec ses quelques grandes pierres et des bancs de bois, - l'un est en métal de couleur bleu vif brillant, c'est-à-dire repoussant -, on entend régulièrement le grincement d'une autre porte étroite également cachée derrière les buissons. De ces buissons hauts sort une femme d'un tout autre caractère mais également avec un chien bien que celui-ci plus gros et de couleur marron. Sans cigarette mais avec des lunettes et les yeux fixés sur le sol, elle traverse d'un pas rapide l'espace et disparaît vers la sortie pour faire des achats. Je le sais puisqu'elle porte des sacs lourds pleins de la nourriture, cela se voit à travers les formes typiques qu'ont pris les sacs dans lesquels se trouvent les vivres. Un nouveau grincement de la porte étroite et voilà la femme disparue.

Je respire profondément et tends l'oreille au silence qui me transporte la voix du sable, de tous ses grains, de l'herbe, de tous ses brins d'herbe, du soleil, de tous ses rayons qui touchent la moindre chose vivante ou immobile. Il y a tant à entendre, le tout se nomme ce fameux silence.

Ce n'est pas facile de percer ce silence pour en revenir à soi-même. On peut se divertir en écoutant beaucoup de bruits.

On entend un vélo qui traverse cet espace sur le seul sentier sablé, je lève la tête et vois le vélo s'éloigner, mais le grincement des grains de sable me reste dans la tête, je l'entends encore bien que le vélo ait déjà disparu. C'est un son agréable, qui s'entend également quand les pas des gens touchent le sol sablé. On y l'écoute venir et partir, l'entrée dans le parc, les deux trois cent pas de passage, puis partir comme un fil qui se montre sur l'ouvrage puis continue mais dissimulé pour se montrer à nouveau et ainsi de suite sur une ouvrage de couture. Quelque chose surgit et plonge. Comme nous même qui entrons dans la vie et en sortons.

Les gens qui viennent et s'assoient sur les bancs ne sont pas nombreux et ils n'y restent pas longtemps. Ils fument, parlent, lisent des journaux, boivent, mangent, mais tout cela en un temps mesuré.

Excusez-moi ! Attendez ! Il me faut regarder ce couple qui souvent traverse ce trou, elle en jupe longue poussant une voiture d'enfant, son pas est lourd mais régulier. Elle donne l'impression de prendre le volant de la poussette comme soutien, comme d'autres prennent une canne, un bâton, tant elle s'appuie sur celui-ci en allant son chemin. Ses cheveux longs noirs sont en queue de cheval. Son marie parle tout haut tout le chemin en étant toujours deux pas devant sa femme qui le suit, elle me sourit en savant que ce spectacle devrait me paraître plaisant. C'est vrai, c'est très amusant, car l'homme est complètement absorbé dans sa harangue et son besoin d'être toujours deux pas en avant et on voit qu'il attend toute l'attention de sa femme pour ses paroles. Sans doute s'aiment-ils encore comme de jeunes amants, cela se trahi par le sourire de la femme écoutant attentivement son mari qui au coin de la bouche montre également un tout petit sourire, sans interrompre son discours et en faisant de grands gestes de la main pour souligner ses pensées.

Après cette petite interruption je voulais ajouter que les gens bien sûr, s'assoient ici aussi pour écrire des sms sur leur portables. Cela va de soi dans ces temps-ci. Ce n'est pas tout à fait vrai puisque moi j'ai du papier dans les mains, un stylo, et j'écris à la main, dans un café aussi tandis qu'un nombre considérable de jeunes gens y utilisent déjà leurs laptops. J'en ai un, mais il ne me sert qu'à la maison.

Je laisse mon regard se promener et vous fais apprendre qu'il y a aussi deux grandes tables en bois autour desquelles se trouvent des bancs sans dossier. C'est très habituel ces jours-ci que tout se trouve sans dos. On ne veut pas qu'on s`adosse quelque part, non, l`esprit d'aujourd'hui veut nous empêcher de prendre un repos, de se relaxer, de se détendre. Il faut toujours faire vite, vite, vite et encore plus vite. Il faut se doper pour s`accorder à des exigences qui sont devenues des obligations. Les gens doux, qui se promènent au lieu de faire du jogging, qui sont tranquilles, au lieu d`être agressifs, ne sont pas de ces temps-ci, et tout le monde en rit. Mes pensées vont trop loin, je retourne dans ce trou-ci.

Y arrivent des gens pour prendre le café et un gâteau. Ils mettent une nappe en plastique sur la table en bois, ensuite ils y mettent le couvert. Deux jeunes gens, un enfant, un couple âgé y prennent place. Ils s`amusent quelques temps en mangeant, en buvant et en parlant puis s`en vont, après avoir tout remballé. Ce n'est pas une mauvaise idée de se rassembler dans ce trou quand on n`a pas assez de place chez soi, ou bien si on veut simplement manger dehors. Moi je suis une solitaire, avec un yogourt à côté de moi, sur ce banc et mon petit pain dans mon sac. Cette scène de pique-nique ne me touche pas autant que le couple avec son tout petit sourire aux lèvres. C'était de la complicité avec moi puisque le sourire se rapportait aussi à moi. Un tout petit sourire c'est comme le point sur la lettre « i ». Qu'est-ce que cette lettre serait sans le point ? Elle ne serait rien, rien qu'un simple trait sans aucun sens. Donc un être humain sans un tout petit sourire dans le coin de la bouche perdrait son caractère d'un agréable compagnon dans la vie, il ne serait que très peu estimé par les autres, peut-être même pas du tout, car on pense de lui qu'il ne fait penser qu'à lui-même.

En écrivant ses lignes le portrait d'Irène Némirovsky me sourit un tout petit peu. C'est comme cela que je l'ai peinte d'après la photo sur son livre « Suite française ». C'est un contact qu'elle établit ainsi avec l'autre qui la regarde. En ce moment-là c'est moi, mais je détourne mes yeux pour retrouver le petit trou sablé et vert.

Dans le parc règne le silence.

Mais non. D'une fenêtre ouverte derrière les buissons un piano se fait entendre. Je me demande si quelqu'un joue ou si c'est un disque vinyle ou CD. Mais à la fin il y a des applaudissements, donc c'est un disque. Peu après la musique se tait, la fenêtre se ferme, et le silence est de retour. Pas vraiment, parce que les oiseaux chantent à tue-tête. C'est un concert, tant d'oiseaux y participent. Ce serait très intéressant de les comprendre. Je pense qu'ils disent quelque chose de joyeux. Pour nous c'est un chant mais pour eux c'est leur langage. Sans doute ils se renseignent entre eux de leur vie tout comme les gens le font. Ils sont assez bruyants. Leur besoin de parler, de chanter est énorme. Il y a un flot de mots, de phrases, de chants qui sortent de leurs becs.

Le silence n'est pas la mort, on y entend une diversité de sons et on sent encore beaucoup de chose. Moi je sens le soleil sur ma peau, il chauffe tout mon corps et je deviens un peu fatiguée et paresseuse. Malgré tout on n'aime pas sortir de cette épaisseur, de ce trou abandonné et protégé, chaud. Tout état n'est pas éternel, déjà viennent des gens, dont les voix aiguës se répandent dans tout l'espace. Je quitte alors ma place et me rends à l'autre bout, mais les voix percent tout le royaume. C'est donc le moment venu ou je cède ma place dans ce petit trou.

Amélie

Amélie traîne dans le sous-sol. C'est la seule chose qui l'apaise. Le froid sur la peau. Le va-et-vient des trains. Être parmi des inconnus qui ne savent pas ce qui la hante, ce qui l'a amenée ici chez eux qui partent, qui attendent leur train pour partir. Sa tête est baissée. Elle pense et repense à ce mec chiant qui a trouvé que tout ce qu'elle lui avait dit et écrit était de la merde et que cette merde l'énervait.

Le début de leur histoire était envoûtant comme il est écrit dans le poème « Étapes » d'Hermann Hesse :
« …Et à chaque début est inhérent un charme…. ».
Ils se parlaient presque chaque jour dans « leur » café avant son travail sans avoir pris rendez-vous. On savait que l'autre serait là ou viendrait, rien que parler pendant la durée d'un an et demi. Puis il avait commencé à la toucher, les mains, le bras, l'épaule, chaque jour de telles caresses auxquelles elle s'est volontairement habituée. Après un certain temps elle les avait même attendues. Le temps passait. Un jour elle s'était aperçu qu'il évitait de parler avec elle. Il prenait le journal qui trainait dans le café et s'asseyait à part, mais venait vers elle avant de

quitter le café, il lui prenait la main qu'il pressait en la regardant comme s'il était amoureux d'elle. Soit il la touchait aux épaules, les caressaient, soit il prenait ses mains, soit il caressait tout son bras. Mais il ne s'était plus engagé à parler avec elle. Cependant c`était indispensable pour elle, pour se sentir à l'aise, pour se sentir acceptée de toute sa personne. Peut-être voulait-il protéger son couple en évitant les conversations avec elle, parce que cela, le tout, l'ensemble, toucher et parler avaient déjà l`air d'une relation, et cela devenait peut-être dangereux pour son couple. Longtemps elle avait pensé qu'il était seul, jusqu'au jour où elle l'avait franchement demandé s'il était marié. Le fait de ne plus parler, mais d'être touché par lui selon son vœu, quand cela lui chantait, lui faisait mal de plus en plus. Elle s'était sentie réduit à son corps. Elle avait l'impression d'avoir été poussé dans le néant, comme s'il l'avait fait d'elle un rien. Il lui semblait qu'il ne voulait peut-être qu'une aventure, mais elle s'était déjà éprise de lui, était tombée amoureuse de lui dès qu'il avait commencé à la toucher. À l'époque elle avait déjà imaginé à vivre ensemble avec lui. Ce qu'avait d'ailleurs toujours été son vœu, vivre ensemble avec l'homme aimé, mais son souhait ne s'était jamais réalisé.

À moi, qui est son amie, cela m'a rappelé les contes de fées, qu'elle écrivait depuis longtemps.

Au lieu de lui parler de son conflit elle avait coupé les ponts. Elle lui avait écrit un email dans lequel elle disait qu'elle renonçait au concert et qu'elle ne voulait plus qu'il la touchait parce que cela touchait aussi son cœur. Il avait répondu : « Pas de problèmes ». En dessous une salutation gentille comme « bonne journée ». Il continua de ne plus parler avec elle. Il ne resta donc plus rien, ni les touches ni les conversations. Peut-être aussi avait-elle voulu le punir, en lui interdisant de la toucher, parce qu'il ne parla plus avec elle. Et sans doute elle espérait qu'il chercha un entretien. Elle s'était trompée. Dans un email qu'elle lui avait envoyé ensuite, elle proposa d'en parler. Pas de réponse de sa part. Elle ne savait pas s'il imaginait qu'elle était tombée amoureuse de lui. Et elle, elle n'avouerait pas son amour, parce qu'elle avait honte de ressentir un tel sentiment, peut-être parce qu'il était marié et aussi faute de ne pas savoir s'il ressentait de l'amour pour elle. Les caresses avaient parlé, mais est-ce qu'elles venaient d'un sentiment d'amour ? D'un vrai amour ou est-ce qu'elles appartenaient à un jeu, un jeu dangereux, qu'il jouait ?

Elle était très malheureuse et lui avait expliqué en email pourquoi elle ne voulait plus être touché, mais elle n'avait pas parlé du fait qu'il ne parla plus avec elle. C'était là la faute à elle. Lui, il ne s'était jamais exprimé, bien qu'elle le supplie à reprise. Elle n'exista plus pour lui et cette ignorance l'avait décidé à lui expliquer le pourquoi de son comportement dans les grandes largeurs. Pas de réponse. Elle essaya plusieurs fois. Rien. Elle ne savait plus où elle en était. Comment interpréter son silence ? Il n'écrivait pas : « Je ne veux plus de contact ! » Non, rien ! Elle se désespérait. Ce silence la rendit nerveuse. De temps en temps elle essayait dans un email de le convaincre à s'exprimer. Et puis un jour elle recevait un email dans lequel il confirma qu'elle était nulle en communication, parce qu'elle l'avait dit elle-même ironiquement pour le provoquer. Il la vouvoyait et disait qu'il ne serait en rien d'accord avec ce

qu'elle avait dit dans son long email. Que tout cela n`était que de la merde énervante. En fin de lettre il écrivait : » C'est aussi ton avis, Irène, n'est-ce pas. »
Amélie s'est rendue compte qu'il avait envoyé son email aussi à une femme qu'elle ne connaissait pas, il avait publié son adresse email en haut en tant que deuxième destinataire.

Spontanément elle cliquait sur « répondre à tous » et elle a expliqué son point de vue pour que Irène, la femme inconnue, connaisse sa version de l'histoire, ce qu'il n'avait sans doute pas attendu d'elle, mais elle voulait lui renvoyer sa merde. Elle rajoutait un détail, ce qui avait été important pour elle. Après avoir reçu son email de merde elle l'avait croisé dans la rue. Autrefois, elle alla spontanément vers lui mais cette fois-ci elle n'éprouva pas cette impulsion. Elle remarquait en elle un tout autre sentiment que lui était jusque-là étrange : le mépris.
Jusqu'alors le mépris n'appartenait pas à son monde de sentiments, c'était interdit parce que d'après elle c'était un sentiment qui détruisait l'autre. Et voilà le mépris surgissait en elle quand elle a vu ce type chiant qui la dégoutait.

Ce sentiment de mépris envers lui était comme de l'air frais dans ses poumons, elle sentait son thorax devenir ample, son cœur s'ouvrait.

Mais quand elle repensait à son email de merde, elle sentait à nouveau le choc. Elle ne s'était pas attendue à une telle agression. Il vulgarisait et détruisait leur rapport en lui donnant un coup inattendu et presque mortel.

La nuit passait et elle s'était décidée ne pas le laisser la détruire et s'engageait dans une réplique dans lequel elle lui renvoyait sa merde et aussi elle y parlait de l'événement ou elle avait ressenti rien que de mépris pour lui.

Bien qu'elle se soit sentie forte en lui renvoyant son coup elle erre dans le sous-sol, car être sous terre la réconforte. Elle sent le froid sur sa peau, l'obscurité du sous-sol, elle entend les trains qui arrivent et partent inlassablement. Et parmi ce brouhaha autour d'elle, il lui semble d`entendre la dernière ligne du poème « Étapes » de Hermann Hesse :

« L'appel de la vie ne prendra jamais fin…Allons donc, cœur, fais tes adieux et guéris ! »

« Oui », chuchotait-elle, « il faut faire vite ! »

Elle monta l'escalier, dehors elle rencontra le soleil, elle écarta ses bras pour le saluer et se disait qu'une nouvelle étape de sa vie commencerait !

J'ai demandé à la femme qui m'a raconté ce qu'avait vécue son amie Amélie, si cela marchait bien avec « la nouvelle étape » de sa vie. « Pas encore », disait-elle, « puisqu'ils se sont croisé encore une fois par hasard.

D'après Amélie ce n'était pas un hasard, parce qu'elle l'avait vu de loin et lui aussi il l'avait vu de loin. Elle était assise sur un banc. Il changea le coté de la rue expressément pour passer près d'elle, peut-être pour s'arrêter et lui parler ou peut-être pour la provoquer. Ils se sont regardés les yeux dans les yeux. Elle le regardait avec dédain et dégoût. Il ne souriait pas, mais son expression n'était pas aussi froide, aussi glacée qu'à la rencontre avant la dernière fois, ou elle alla vers lui et lui demanda s'ils ne pouvaient pas se parler en paix. Mais il l'avait regardé froidement, d'un regard glacial même, et parti vite en disant qu'il n'avait pas le temps. Cette fois-ci elle le regarda d'un air méprisant, puis elle détourna le regard. Elle ressentait un dégout profond. Elle avait même eu peur qu'il se montre violent. Le jour après elle le demanda par email, ce que cela avait signifié, si c'était une provocation de sa part ou s'il avait quelque chose sur le cœur, quelque chose qu'il voulait lui dire. Mais il n'a pas répondu. Encore plus tard elle s'était indignée qu'il avait eu le courage de s'approcher d'elle après sa lettre de merde avec lequel il l'avait anéantie.

Elle ne peut pas imaginer que cela s'arrange entre eux. Elle ne pense pas qu'il a le désir de regagner sa confiance et de faire des efforts pour y réussir, il lui manquerait un vrai intérêt. Il ne penserait sans doute qu'à lui-même et voudrait peut-être seulement regagner une bonne image devant cette femme inconnue, Irène, qui avait reçu la copie de sa réponse à son email de merde.

La femme qui me parlait d'Amelie disait que cette nouvelle coïncidence avait laissé son amie très triste, celle-ci éprouvait un mélange de dégoût, de mépris et de tristesse. Elle pense que « la nouvelle étape » dans la vie d'Amélie prendra encore du temps.

J'ai hoché la tête en signe d'approbation et d'un coup je me sentais triste aussi.

Le portable de la femme sonnait. C'était Amélie qui voulait lui dire, qu'elle allait mieux, qu'elle serait au soleil et qu'elle avait décidé qu'elle ne le regarderait plus quand ils se croiseraient. Ainsi il sortirait de sa vie. Il y eut une pause et puis son amie commença à sangloter. La femme ne voulait pas raccrocher pour ne pas déranger son amie. Bien que je n'aie pas le combiné à mon oreille, j'entendais les pleurs qui ne finissaient pas. J'avais l'impression d'un lac qui s'était créé par ses larmes dans lequel elle se noyait. Soudain le silence, son amie avait raccroché subitement.

La femme dit qu'elle partirait pour être aux côtés de son amie, pour la soutenir. Je lui ai dit « Bien sûr ! » À la porte, elle s'est tournée vers moi et me demanda si j'avais besoin d'un mouchoir. Je faisais non de la tête et désignais une boite de mouchoirs en papier. Quand la porte s'est fermée, je me suis changée pour faire du jogging.

Quand je rentrais une heure et demie après mon répondeur m'indiqua qu'il y avait un message. C'était la femme, ma visite de tout à l'heure, elle disait qu'elle avait trouvé son amie inanimée. Puis elle sanglotait de plus en plus fort, je ne l'entendais pas très bien, mais avant de raccrocher, elle suppliait : « Venez ! ». Ensuite, elle me donna l'adresse de son amie. Je l'ai rappelée, mais elle ne décrocha pas. Sur son répondeur je lui ai dit que je viendrais toute suite. Je pris mes clés de voiture et fermai la porte. Sur la route, je me suis surprise à espérer que ce ne soit pas trop tard. J'accélérai et mettait mes lunettes de soleil noir. Je ne voulais évidemment pas que qui que ce soit voit mes larmes que je retenais.

En arrivant la femme était fondue en larmes, s'est jetée dans mes bras. Par terre j'ai vu des petits bouts de papiers dispersés sur le sol. Il s'agissait du poème d'Herman Hesse déchiré. Je me suis dit, qu'elle ne voulait plus une nouvelle étape dans sa vie. Parce que la dernière nouvelle étape avait peut-être été comme toutes les autres étapes. Je ne voyais pas le corps de son amie. La femme disait que la police avait été là et aussi l'urgence qui avait emmené son amie à l'hôpital. Elle avait fait une tentative de suicide avec des comprimés toxiques. On essaierait de la ranimer, de vider son estomaque de ce qu'elle avait avalé.

La femme tenait une lettre dans sa main et disait : « Lisez ! Ce sont ses derniers mots » :
« J'ai toujours envie de lui, de coucher avec lui, j'avais rêvé de vivre ensemble avec lui. Maintenant je l'ai gâté de toute façon, parce que j'attendais qu'il parle avec moi, parce qu'il ne voulait pas toute ma personne mais seulement mon corps, mais moi, je voulais toute sa personne et pas seulement son corps.
Je ne peux pas supporter qu'il ne m'aime pas. Ça a toujours été comme cela. On ne voulait jamais de ma personne mais seulement s'amuser avec mon corps. Je mets fin à cet abus que je connais depuis ma petite enfance. Je n'en peux plus ». Amélie

« Je crois je comprends », disais-je en prenant la femme dans mes bras. Pendant un long moment nous restions immobiles et muettes. Puis je reprenais la parole, je disais : « Venez, nous allons à l'hôpital ». La femme dont le cœur était brisé encore plus que le mien prenait son manteau. Elle ferma la porte à clés. Dans la voiture je lui disais : « Par chance, il y aura une nouvelle étape de sa vie ! » La femme esquissa un tout petit sourire.

Quelqu`un

Je t'ai vu tu sais. Oui je t'ai vu. Il aurait pu se trouver que je ne te vois plus. Mais je voulais te voir, seulement ça devrait être le bon moment. La dernière fois que je t'aie vu, je n'ai rien dit, je t'ai laissé passer - toi qui ne m'as pas vu - sans rien dire. Je ne t'ai pas abordé comme aujourd'hui. Aujourd'hui c'était apparemment le bon moment. Je n'avais pas peur de toi comme l'autre fois où je t'ai laissé passer devant moi sans dire ton prénom comme aujourd'hui.

Tu portais le même manteau d'une étoffe légère, il était long et tu ne l'avais pas boutonné, c'est pour cela que le vent soufflait dedans, le manteau volait autour de toi ce qui te donnait l'air d'un roi car tu marchais à grand pas, un parapluie fermé à la main, long comme un bâton. Donc j'ai eu peur de toi et je t'ai laissé partir.

Aujourd'hui c'était bizarre. J'avais fait une toute petite promenade pendant laquelle je pensais à ma prochaine œuvre à peindre. J'imaginais une grande toile rectangulaire de 1,40 à 1,60 mètre ou peut-être carrée peinte en rouge douce, soyeuse, là-dessus je pensais peindre trois cercles en or. Le plus petit au milieu. Puis je m`arrêtais devant un magasin où on vendait des œuvres d`art et des cadres.

Je ne sais pas vraiment comment ça s`est passé, car je contemplais les images dans l`étalage, tout de même j`ai dû voir dans mon dos à travers la vitre cette silhouette filante à grand pas entourée d`un manteau volant, la tête sous un parapluie ouvert.

Je me suis tournée et je l'ai appelé de son prénom. Il s'est retourné et a fait deux pas vers moi. On a commencé une petite conversation. Il a dit qu`il y avait des invités chez lui, des gens de Berlin-Est où il avait vécu pendant plusieurs années, avant d`obtenir la permission de quitter la DDR. Il avait dû attendre plusieurs années, puis deux mois avant la chute de mur de Berlin en 1989, il a dû partir subitement en 24 heures. C`est le sujet de l`Allemagne de l`Est et la fuite de mes parents, la situation des siens là-bas qui fait que nous nous intéressons l`un à l`autre.

Lors de cette petite rencontre on n'a pas vraiment parlé. On a abordé des faits de nos existences sans approfondissement.

Il devait s'en aller à boulangerie acheter des baguettes. Les visiteurs l`attendaient pour le petit déjeuner. On s`est donc dit adieu et j`ai repensé à mon projet de peinture. C'est très étonnant, mais la toile que j'imaginais maintenant avait complètement changé : J'ai vu une toile avec un tissu blanc carré, collé dessus, plus petit que la toile elle-même, un tissu avec des dessins de petites fleurs et en plus sur la toile il y avait écrit : Quelle merde !

Sophie la confiance et moi

Elle m'avait envoyé une photo des étagères pleines de livres français. Elle a accepté que j'emprunte certains. À tout à l'heure. Elle les amènerait à notre rendez-vous. Chez elle ce serait le désordre total, disait-elle, il serait donc préférable de les apporter au café. Bien-sûr. J'ai choisi une écrivaine, dont je n'avais pas encore entendu parler. Sur le dos du livre dans les étagères de Sophie je lisais : « Marie Chaix. Les lauriers du lac de Constance »*. Quand j'avais le livre dans mes mains je lisais le sous-titre : « Chronique d'une collaboration ». Bizarre que je tombe « inconsciemment » toujours sur le sujet de la culpabilité d'un peuple meurtrier, qui avait tué 6 millions de juifs et d'autres personnes innocentes et maintenant je tombe sur la collaboration des français qui ont aidé à les persécuter en France.
(*Marie Chaix: Les lauriers du lac de Constance. Chronique d'une collaboration. Editions du Seuil, février 1974. Pour Juliette)
Un livre sur son père.
Déjà au début du livre une polarisation. La femme qui ferme les yeux, qui s'occupe de la maison et de ses enfants. Elle est enfermée dans les murs de sa maison où elle joue la sonate « au clair de lune » tandis que son mari cherche le pouvoir politique des fascistes français, puis la collaboration avec les fascistes allemands.

Sophie arrivait dans un tout nouveau manteau, qu'elle avait trouvé à Berlin où elle a été récemment pour être à côté de son amie qui venait de perdre son partenaire. C'était une vieille amie d'elle qui avait été présent à son accouchement. Elle était venue de Berlin pour lui tenir la main, pour lui apporter son aide. Bien sûr d'abord elle avait demandé et Sophie avait dit toute suite : « Qui ! ». Car le père du bébé dans son ventre n'était plus avec elle.
Sophie parlait de son travail. Bientôt elle irait aux États-Unis avec son équipe allemand. Elle connaissait déjà une personne du team américain, car elle lui avait fait visiter Hambourg quand elle a été ici il y a peu de temps, une femme très sympa. Le sujet de leurs échanges est la didactique dans l'enseignement. Dans son travail Sophie est très engagée quoi que ce soit comme travail. Mais son cœur bat pour la musique. Elle est musicienne dans l'âme. Avec son groupe de musique elle est déjà montée sur scène, mais maintenant il règne le silence à cause du Corona. Tout le monde en souffre. On est dans le 4ème vague, le montant des infectés de ce jour-ci atteint le plus haut chiffre depuis le début. Quelle ignorance du côté des non-vaccinés qui refusent obstinément de se faire vacciner.

Je me souviens que Sophie portait un pull rouge, ce n'était pas un rouge tomate, car elle n'aime pas les tomates, elle préfère un rouge qui contient un peu de bleu. Elle portait un pull noir en dessous qui prolongeait les bras du pull rouge plus court. Si c'était aussi le cas pour le décolleté je ne sais plus. Mais c'est certain qu'elle gardait son bonnet. C'est rare que je l'aie vue sans son bonnet qu'elle portait incliné sur le côté. J'aimais bien sa manière de s'habiller. Aujourd'hui elle portait comme les jeunes filles au moment présent un short en jean sur ses longs bas noirs. Le short d'un bleu clair était abimé expressément comme c'est en vogue. Plein de fils blancs pendaient du short à l'endroit des cuisses. Sophie a 49 ans. Elle a gardé son aspect jeune, alternative et classique en même temps. Cette fois-ci elle ne portait pas ses boucles d'oreilles, qui étaient composées de grands cercles d'argent, il se peut que le diamètre fût de 10 centimètres. Je ne pense pas qu'elle portait sa bague, une bague vraiment grande pour ses doigts courts. Dans son cas ce n'est pas une exagération, au contraire, cela lui va très bien. Sophie disait qu'elle ne porte que de grosses bagues, mais elle voulait bien emmener pour une amie la petite bague d'une coquille Shiva dont j'avais voulu lui faire cadeau. Elle connaissait bien le gout de son amie, elle était sûre qu'elle l'aimerait.

D'accord. Je l'avais trouvé dans la rue, à la maison j'avais réussi à la restaurer car la bague était pressée à plat peut-être par un vélo roulant dessus. Dans la pierre blanche et ronde on voyait une spirale.

Je ne sais plus mais probablement Sophie et moi se sont connues au marché aux puces, à l'époque où j'y allais encore. Ça remonte à quelques années, Sophie y est revenue après le lock-down. Elle y trouve de belles choses pour sa fille déjà en âge d'une adolescente et pour ses amies, bien sûr elle n'oublie pas soi-même.

Quand je pense combien de choses j'y ai cherché et trouvé. Toujours au petit matin vers 7.00 heures. Les gens qui y fouillaient les vêtements et d'autres choses se connaissaient de vu, bien sûr, si on y va régulièrement. J'y ai toujours trouvé mes vélos. Mais c'est fini. Je ne peux plus faire du vélo à cause de mes douleurs. Je suis soulagée de ne plus avoir besoin d'y aller. Pour moi cela n'a jamais été un plaisir, mais une nécessité, au moins je le croyais, puisque je ne me sentais pas assez forte pour gagner de l'argent avec des boulots à coté comme par exemple la fille dont j'ai oublié le nom, peut-être il me revient plus tard, qui avait un travail sérieux mais gagnait beaucoup à coté au marché avec des vêtements qu'elle achetait vers 4 ou 5 heures, presque dans la nuit, et lesquelles elles revendaient plus chers sur d'autres marchés aux puces dans des quartiers riches. C'était un travail dur tous les samedis et dimanches, mais elle ne devait pas déclarer cet argent, à chaque fois plusieurs cent d'euros, donc ça valait la peine. Ainsi elle a réglé ses dettes et s'est achetée une toute petite maison au bord de la mer. Elle changeait son travail dans le marketing pour un travail dans le domaine social, elle accompagnait des gens avec des maladies graves, souvent ils étaient dans une chaise roulante, il s'agissait de Multiples Sclérose avancé par exemple, ce travail dur était mieux payé que si elle accompagnait des gens malades ou vieux faire leurs courses. Avec d'autres collègues elle s'occupait depuis peu 24 heures sur 24 d'une femme, qui ne peut pas vivre de manière indépendante et a besoin d'aide dans tous les domaines. L'équipe a même organisé des vacances à la mer et des activités culturelles. Je l'ai toujours admiré pour sa force, sa volonté, qu'elle savait ce qu'elle voulait. Elle a même réussi à rompre avec son petit ami avec qui elle était pendant 7 ans mais qui la battait quand il en avait marre d'elle qui ne s'adaptait pas à son train de vie. Il voulait passer plus de temps avec elle et ne comprenait pas qu'elle travaillait d'après lui incessamment pour le fric. Elle trouvait rapidement un homme plus âgé qui avait les mêmes ambitions qu'elle. On s'est perdu de vu. Je ne sais pas si elle va encore au marché. Alors que je finis d'écrire sur elle, son nom me revient.

Je crois que Sophie ressent plus de plaisir que moi au marché aux puces, de même Rasha qui habite à Berlin. Une fois celle-ci disait si on n'y trouve rien ce n'est pas grave, le plus important est qu'on ait passé un bon moment.
Contrairement aux autres j'ai perdu le gout des choses. Les choses ne sont plus si importantes qu'autrefois. Je ne suis plus jeune. Les autres sont encore beaucoup plus jeune que moi. Mais qu'est-ce que c'est l'âge ? Je pense à l'histoire de Claire (nom pseudonyme) et François Mitterrand, elle était de 50 ans sa cadette, il avait 72 ans quand leur histoire avait commencé et qui a duré 8 ans jusqu'à sa mort. J'avais lu l'article de la journaliste du journal « le monde », Solenn de Royer, c'était une interview avec Claire. La journaliste en avait fait un livre qui s'appelle « Le dernier secret ». Bien sûr Mitterrand avait d'autres relations, quasiment deux familles. La femme avec qui il était marié, l'autre son amante qui avait aussi un enfant de lui, était sa famille clandestine. Est-ce que Claire aussi a voulu un enfant de lui ? Si j'ai bien compris il ne voulait pas une relation charnelle à cause de sa peau ondulée et flétrie d'un vieillard.

Ça me rappelle la peau d'un vieillard sur la plage de Nice qui sortait de l'eau, j'en ai écrit en détail dans le texte « La valse mélancolique de Nice ».

De ce texte-ci je parlais avec Sophie qui s'est dit prête à le corriger en gardant mon style d'une allemande, qui lui semble charmant et parce que dans le texte je dis que je suis allemande. Elle l'avait déjà survolé et le trouvait bien. Après elle me ferait un prix. Très bien. Je suis très reconnaissante qu'elle s'y mettra. Je sais qu'elle est splendide dans son travail. Elle avait déjà fait la correction du texte sur le dos de la couverture de mon livre de photos « peintures, dessins, gravures et sculptures de 1976 - 2021 », mais sa correction était trop bien, c'était du vrai français et sublime, c'est pourquoi je ne changeais qu'un seul mot et une tournure pour garder l'authenticité.

C'est marrant mais parfois Sophie ne sait plus le mot français tant elle vit avec la langue allemande et anglais. Au cours de notre rencontre je parlais de « Rausch » qui m'avait emporté dans l'amour avec Luc à l'époque. Ni moi ni elle avait le mot français pour « Rausch » disponible dans nos esprits. Ce que j'ai trouvé plus tard dans le dictionnaire c'était « ivresse ». Sophie aussi avait pensé à l'ivresse, mais de ce mot nous n'étions pas convaincues, de même pour le mot « trance », auquel pensait Sophie. Je ne sais pas ce qui est le bon mot dans ce contexte. L'autre expression qui ne voulait pas venir à l'esprit de nous deux était « getrübtes Glück », on essayait « bonheur troublé » mais je trouvais cela trop fort, je pensais à un « bonheur nuageux », Sophie doutait. Plus tard je trouve le mot « bonheur obscurci », mais cette traduction n'exprime non plus ce que je voulais dire. Je ne sais pas, finalement, ce sont quand même deux langues, le français et l'allemand, je me demande si une traduction à cent pour cent est possible.

Dans la nuit après notre rencontre, j'ai soudain ressenti un sentiment qui était nouveau pour moi : J'ai eu l'impression que Sophie ait confiance en moi. Ça ne va pas de soi, ça ne se comprend pas de soi. Autant que je sache, c'est la première fois dans ma vie que je ressens cette croyance et confiance en moi mis par quelqu'un d'autre dans mon âme et cœur.
Où est la raison, la source, comment ça s'est passé ? Est-ce que ça vient du fait qu'elle a accepté la correction de mon texte ? Il est possible que je me sente valorisée, estimée par elle, mon écriture, les mots, mes mots.
Moi qui a toujours été en manque de confiance en moi fait l'expérience qu'une femme que j'apprécie largement, que j'admire, me fait

confiance et par la suite je me sens plus stable, plus forte dans mon intérieur avec mes mots parce que Sophie les accepte. Je suis curieuse de savoir comment elle trouve mon texte « la valse mélancolique de Nice ».
Mais il se pourrait aussi que ma confiance que j'aie en elle se transforme en confiance en moi. Quoi qu'il en soit, notre contact tel qu'il est augmente ma confiance, ma foi en mes mots, mes paroles. Elle m'a dit que je parlais bien le français mais mon français a de gros défauts, je le sais, quand je monologue, je peux prendre mon temps de choisir les mots français, dans ce cas je parle assez bien c'est vrai mais en dialogue je suis moins bien puisque je n'arrive pas à trouver les mots justes assez rapidement pour répondre à ce que l'autre personne a dit.
L'intimité de ce á quoi l'on se confie joue-t-elle aussi un rôle ? Par exemple je lui ai parlé de Luc avec qui l'histoire s'est achevée, mais je parlais de l'époque ou la relation était encore vivante. Quand il était sur moi il jouissait en disant : « Je suis parti ». Sophie ne connaissait pas cette expression. Elle disait qu'on dit : « J'ai joui », mais que c'était peut-être une expression de la région de dire « Je suis parti ». Je lui ai dit qu'en allemand on dit : « Je suis venu/e ». Elle ne le savait pas non plus et pensait plutôt à : « Je suis arrivé/e ». Mais cela veut dire : « Ich bin

angekommen ». C'est autre chose. Elle le voit comme moi.

J'aime quand on s'interroge sur le sens des mots. Cela me touche, m'émeut. Je suis une amoureuse des mots.

Sophie ne connaît pas encore mes textes français que je voudrais qu'elle corrige, j'ai en tête d'en faire un livre et elle n'en sait pas encore rien. Elle est discrète, elle n'a rien demandé. Mais elle sait que j'ai publié plusieurs livres en allemand. Peut-être elle a déjà imaginé que j'y pense. Je me demande aussi ce qu'elle va dire du texte sur elle-même, de ce texte-ci ? Je voudrais aussi lui demander si je pouvais parler de son passé douloureux. Là je ne sais pas si elle me donnera son accord.

Quand j'entends la musique de Sophie, elle me transporte dans un univers ressemblant à une espace où il n'y a plus rien à quoi s'accrocher. C'est une recherche. Est-ce qu'elle cherche quelqu'un/e qu'elle connait ? Ce n'est pas une recherche où elle a ses pieds sur terre, non, elle plane, flotte dans l'atmosphère. Je ne comprends pas les mots anglais qu'elle chante, c'est ainsi avec toutes les chansons de n'importe quelle langue, indépendamment de Sophie, je ne les comprends pas, sauf quelques bribes parce que souvent le chant disparait dans la musique instrumentale. On est dans un monde de musique c'est vrai, mais avec Sophie c'est plus c'est de l'art. Les trois autres de son quartet sont un bassiste, un batteur, un guitariste et l'un d'eux est le copain de Sophie, 15 ans de moins qu'elle. Une autre personne sentirait sans doute autre chose en écoutant leur musique. Puisque j'ai eu l'association d'une recherche dans l'atmosphère, dans l'espace à travers le chant de Sophie, je pense à ses parents qui se sont suicidés. Le père quand elle a été encore enfant et sa mère quand elle avait déjà quitté la maison. Je ne veux pas rentrer dans les détails, mais est-ce qu'il est possible que ce sont eux qu'elle cherche dans l'univers ? La recherche est vaine, car il n'y a rien là où elle les suppose ou peut-être si. Qui sait où se trouvent les morts. Dans sa recherche par le médium de la musique elle est en contact avec les êtres disparus qui ne reviennent plus jamais. Elle chante, elle crie, elle leur crie peut-être de revenir, de ne pas la laisser seule. Comme je l'ai déjà dit, en vérité je ne comprends rien de ce qu'elle chante et ce à quoi j'associe c'est ma projection sur elle, sur son chant. Je devrais lui demander de me donner à lire ce qu'elle a écrit dans ses chansons. Je suis sûre que c'est quelque chose de très diffèrent de ce que je pensais.

Je regarde la carte postale de France, que Sophie m'avait écrit en fin d'été de cette année. Elle était en visite chez la sœur de sa mère. Elle a aussi retrouvé sa propre sœur et sa famille, ils ont fait une randonnée et ont réussi à monter sur le plus connu glacier dans la région. La carte postale ne montre pas le glacier mais toutes sortes de pain : fournil de pierre / pain complet / petit pain seigle aux raisins / petit pain au son / petit pain complet et d'autres pains et petits pains. On voit des récipients en bois et des paniers d'osier. La carte est blanche et noir et un peu plus grande que d'habitude. Quelques semaines après Sophie s'en allait pour la Crète avec son copain, le premier appartement n'était pas bien, mais il y avait un jardin, elle m'envoyait par WhatsApp une photo de leur petit déjeuner sur la table basse du jardin et une photo de la plage.

Le matin en me réveillant tôt, je voyais dans un rêve éveillé une famille en voiture pour aller en vacances. Elle était déjà loin de la maison, environ 400 kilomètres. Pour la pause, l'homme garait l'auto sur un des parkings qui longent l'autoroute. Le couple faisait un petit tour jusqu'au lac tout près, les deux rigolaient, ne se souciaient de rien, ne pensaient pas à leur fille, ils se suffisaient à eux-mêmes. De retour la fille n'était plus dans la voiture. Elle avait déjà 11 ans, ils l'imaginaient raisonnable et n'ont pas eu l'idée de se soucier d'elle. Ils ne l'avaient pas demandé de venir avec eux au lac. Ils faisaient comme si la petite n'existait pas. Et maintenant elle était partie. Les deux regardaient la forêt derrière eux. Elle était grande et sombre. Les deux parents décidèrent d'attendre. Ils étaient convaincus qu'elle revenait. Et c'est vrai après dix jours d'attente, elle sortait de la forêt et montait dans la voiture sur la chaise derrière. Je ne sais pas s'ils ont continué leur voyage ou s'ils sont retournés chez eux.

Leur attente était ma première réaction, mais après j'ai imaginé qu'ils ont décidé de la chercher dans le bois, ce qu'ils ont fait. La fille en robe blanche d'été était adossée contre un arbre. Comme dans un conte de fée elle avait dormi tous les jours passés. Peut-être rêvait-elle d'un prince qui l'embrassait et l'amenait chez lui. Mais ce n'étaient que les parents qui l'attendaient. Ils ne faisaient pas de reproches mais ils étaient contrariés par les jours de vacances perdus.

Le début du rêve lui rappelait la nuit de fuite où les parents s'étaient absentés pour se sauver en Allemagne de l'Ouest sans leurs enfants. Elle était morte de peur. Peut-être à l'époque elle allait dans un bois imaginaire pour se protéger de la situation mettant sa vie en danger.

Pensant à la musique de Sophie, il est fort probable que ce soit moi qui cherche ses propres parents dans l'atmosphère à travers le chant de Sophie.

Dans le livre sur les étagères d'elle, que j'ai mentionné au début de ce texte : « Les lauriers du lac de Constance », la femme musicienne, est enfermée dans sa maison où elle jouait inlassablement la sonate « clair de lune » par peur du vide. Je ne suis pas encore avancée dans le livre mais j'ai relu la préface qui dit en écourté que son mari s'engage dans une politique de collaboration du parti fasciste français le PPF jusqu'au jour où « il revêtit même l'uniforme allemand ». Il est d'ailleurs de la région d'où vient Sophie et ses ancêtres.
Page 58 :
« A Paris cette nuit-là, la police française, déversée par camions entiers dans les rues moites de sommeil, monte dans les maisons, frappe aux portes de juifs et les embarque par familles dans les camions pour les vider dans l'enceinte du Vélodrome d'Hiver……dans la nuit du 15 au 16 juillet 42…..plus de douze mille personnes, dont quatre mille enfants. Ils y resteront sept jours. Ils y attendent. Y agonisent. Sous la verrière. Par une chaleur torride. S'y désespèrent. S'y suicident. Ils seront emballés dans les wagons du maréchal, les premiers juifs de France, direction Auschwitz….. »
Page 92/93 :
« …une haute tribune est dressée, drapée de noir. Derrière elle, un immense écran noir percé

du double S et flanqué de deux tentures monumentales, couleur de sang…..Le französische Führer Jaques Doriot du Partie PPF, va faire un long discours….deux mille cinq cents Chemises bleues vont défiler devant leur chef….Les Chemises bleues, les Jeunesses PPF, aidèrent les gendarmes de Paris à les pousser dans les camions, les wagons, hommes d'un côté, les femmes de l'autre. Et les enfants tout seuls…. »

Dans le deuxième livre de Marie Chaix « Les silences ou la vie d'une femme », elle écrit sur sa mère, qui « serrait les dents quand on lui parlait de la guerre ». Elle dit à sa fille Marie portant sur la collaboration de son mari : » On ne juge pas ceux que l'on aime. Il a payé. Moi aussi » Page 76.
Cela me rappelle les nombreuses excuses des gens de la génération de guerre qui n'ont pas pris position mais préféraient se taire.

Je me demande si Sophie est au courant de ce qui s'était passé avec ses parents et grands-parents pendant la guerre, peut-être leurs suicides ont parmi d'autres raisons et sources aussi à voir avec ce passé meurtrier de la guerre. Les grands-parents ont sûrement vécu la guerre et les parents sont des enfants d'après-guerre je suppose.

Quant à la correction, j'en suis venu à la conclusion que je devrais la faire moi-même pour que je puisse corriger et modeler les textes jusqu'au dernier moment et je serai contente d'apprendre à chaque correction quelque chose de nouveau. Sophie me comprend et ça lui va très bien car elle a beaucoup de choses à faire.

Je revois la scène d'adieux avec Sophie et mon étonnement devant son vélo. J'étais déjà sortie du café et faisait les quelques pas jusqu'à a son vélo attaché ou je l'attendais. Le vélo est noir mais ce qui m'étonnait c'était que c'est un très bon vélo, il a l'air tout nouveau et stable. Il y a aussi une corbeille qui semble faire une unité avec le vélo, ce n'est pas une corbeille qu'on attache et enlève. Il est du même matériau que le vélo il-même.
Quand elle arrive, elle sourit, un sourire qui est combiné avec son regard de ses yeux brillants et qu'elle garde tout le temps du tout petit trajet jusqu'à moi. On s'embrasse et on se fait de gros bisous.

Au chômage

L'homme ne boit pas son café, il lit sans interruption, commande un croissant chaud. Il fume. Je vois le titre du bouquin dans lequel il s'est plongé : « La couleur du sang ». « C'est fictionnel », dit-il alors que nous engageons une petite conversation. Deux fois par semaine, il achète des livres chez le bouquiniste du coin. Il en a besoin, dit-il, car il est un chômeur de 55 ans et il faut faire passer le temps. Pendant que nous parlons j'avale la fumée qu'il exhale, ce qui me donne légèrement la nausée. Il passe sa journée entre la télé, le journal, les livres, le tabac et des petits tours de vélo. Ses yeux sont habités par une tristesse profonde qui fait mal. C'est bien que vous lisiez autant, dis-je, tout le monde devrait chercher quelque chose à quoi s'abandonner. Certains s'abandonnent à un jardin. Il n'aime pas cela, désherber, c'est ce qu'il devait faire en tant qu'enfant, quatre enfants ils étaient, chacun une tâche, ce qu'il trouve bien et normal, surtout à cette époque des années soixante. Désherber, non, pas cela. En évoquant l'intérêt pour les jardins, je ne pensais pas à désherber mais lui, oui, il y pensa tout de suite.

Supportant mal la fumée, je n'ai pas cherché à prolonger notre conversation puisqu'il allumait sa prochaine cigarette. Non seulement il lisait sans cesse mais il fumait également sans pause.

Je m'en allais en lui souhaitant une bonne journée. Il répondit d'un signe de tête en exhalant une bouffée de fumée, derrière laquelle sa tête disparut.

l`amour-propre

Le cœur est l'endroit de l'amour depuis la première enfance. Cela ne se perd pas. Mais comment s'est-il passé ? C'est l'œuvre de l'autre. Sans l'autre qui nous a donné son attention, sa parole, sa présence, son abri, sa tendresse, l'amour n'aurait pas pu s'installer en nous. Nous vivions de l'autre, notre existence dépendait de lui. On sait que peu à peu l'enfant se développe ainsi et devient un être avec de l'amour-propre capable de donner l'amour aux autres.

Si une personne aimée nous quitte, cela peut tourner au drame et provoquer la haine, parce qu'on croit que l'autre emporte avec lui tout ce qui lui a été confié, on croit qu'il a emporté avec lui les moindres bribes de notre âme, de notre être. Que nous croyions cela indique que nous n'avions pas eu toute l'attention quand nous étions un petit enfant. L'amour d'une personne attentionnée que ce soit la mère ou le père ou une autre personne manquait à notre petite enfance. Nous avons été abandonnés. En nous le manque d'amour et le vide. Nous avons essayé pendant toute notre vie de trouver dans l'être aimé la personne attentionnée qui nous devait tout son amour lequel nous a été refusé quand nous avions été un bébé et après un petit enfant, puis un enfant,…. On pensait que le partenaire qu'on trouverait à l'âge adulte pourrait tout réparer en nous, on croyait qu'il pourrait nous donner ce qui nous manquait dans notre enfance.

Mais il est tout aussi possible que nous nous soyons habitués au vide, à l'absence de l'amour dans notre petite enfance et par la suite nous avons cherchés dans notre vie d'adulte un/e partenaire qui ressemblait à la personne frustrante dans notre enfance,

L`âme et cœur sont rabougris, quand nous avons été laissés en permanente manque d'amour et d'attention.

Quand on est pleine de haine, de dépression ou de violence à l'âge adulte parce qu'un partenaire nous a quitté cela pourrait dire que notre amour pour lui n`était pas amour mais un besoin de nous attacher à quelqu`un qui nous inculquait son âme par son amour, car notre propre âme avait dépéri dans notre petite enfance dû à la personne qui ne prenait pas soin de nous avec tout son amour.

Si quelqu`un nous quitte alors que nous sommes déjà adultes, cela signifie souffrir et c'est normal. Mais si nous allons aux barricades en menaçant l'autre ou aussi soi-même, si on pense au suicide cela peut signifier que nous sommes encore le même petit enfant à qui manquait profondément l'amour d'un parent.

Il peut s'avérer, que l`amour que nous avons porté à un/e partenaire n'était en fait pas d'amour mais un attachement à lui, à elle, à son âme pour ne pas sentir le vide.

Une dépendance s'est développée, peut-être une obsession de posséder la personne aimée pour s'assurer qu'on est à perpétuité alimenté par son amour.

L'amour-propre ne pouvait pas se développer à partir d'un manque d'amour, en l'absence de sourire, qu'on aurait dû rencontrer en tant que bébé, le synonyme de l'amour.

On doit quitter le/la partenaire frustrant/e, tout comme la personne qui nous a abandonné quand nous étions un bébé, un petit enfant, un enfant... et de laquelle nous sommes encore dépendante à l'intérieur et à laquelle nous nous attachons peut-être encore.

Une allemande (environ 2009)

I   Le vingt janvier deux mille neuf. Le jour d`Obama. Beaucoup de gens sont extasiés mais déçu qu`il a nommé un homme ultra droit pour tenir le discours, il est contre l`homosexualité, contre l'avortement, ... . On dit qu`Obama voulait réconcilier les différents groupes de population.
On attend la paix dans le Proche Orient. Je comprends maintenant pourquoi. D. E. parle dans son courriel, qu`elle m`envoie pour le nouvel an de « cette avenir si noir ».
D`où viennent les cris jusqu`ici ? Je suis assise près d`un petit canal dont l`eau est gelée. Le soleil brillant se reflète sur la surface de l`eau, on pourrait penser que c'était de l'argent brillant qui éblouit presque. Le soleil projette des ombres sur le trottoir devant moi entre mon banc et les grilles le long du canal. Une cinquantaine de goélands se tiennent immobiles sur la glace blanche. Les cris ont cessé. Le soleil s`éteint mais réapparaît. Souvent les choses, les gens, les sentiments, les pensées disparaissent et souvent ils et elles réapparaissent tout d`un coup si on n`y pense plus où inversement si on y pense.
Sur mes genoux un livre de Marguerite Duras : « La Douleur ». Quelque part j`ai lu un tout petit extrait d`un autre livre dont l`auteur s`occupait

du même sujet. Ici la romancière pense inlassablement à l'homme déporté en se demandant comme une mère s'il a assez à manger, à boire, s'il dort assez, s'il n'a pas froid, ... Duras parle d'elle-même, de son terrible attente. Sa souffrance et celle de Robert, le déporté, est touchant. Une autre manière d'en parler aurait pu montrer une femme écrasée par l'attente.

II   Je suis sur mon chemin de retour mais m'assoie encore sur un banc. Quand je lève mes yeux de mon papier je voie cet homme qui se promène depuis quelque temps dans ce quartier avec une seule jambe. Evidemment il n'est pas intéressé à cacher son malheur, comme le fait M., elle avait perdu sa jambe à cause d'un cancer.
Je suis allemande, mais aucune phrase allemande ne sort de ma bouche. Il est inutile de m'y accrocher comme s'il s'agissait d'une ancre de survie où de m'obliger de l'utiliser parce que c'est ma langue maternelle. Je ne suis pas née avec, je l'ai appris puisque mon entourage allemand parlait cette langue bien qu'en patois.
L'Allemagne c'est ma dépression. D. E. m'écrit dans un courriel que les soldats allemands faisaient leur devoir de citoyens et qu'il ne faut pas les confondre avec les nazis. Elle qui a

perdu sa mère à Auschwitz parle ainsi. L'Allemagne m'étouffe. J'ai essayé de l'attaquer avec sa propre langue, je pensais de pouvoir la détruire en utilisant les mots allemands, à en utilisant beaucoup de mots, mille mots, un million de mots allemands, un milliard de mots, mais rien ne s'était passé. L'Allemagne se moquait de mes mots allemands, elle riait de moi, me méprisait parce que je n'arriverais jamais à la comprendre, l'âme de la langue allemande. Le rire était cruel. J'ai déchiré mes mots allemands, ces milliards, ces billions mais j'ai recommencé, j'ai toujours recommencé, pourtant l'Allemagne restait comme un rocher impénétrable. L'Allemagne me méprisait, elle ne voulait pas de moi, elle m'a rejeté, elle a perturbé mes efforts, elle m'a laissé avec la grande culpabilité d'avoir voulu la détruire. Je devais me suicider. Je ne comprenais pas l'Allemagne, sa langue. C'était une défaite. Je ne faisais que balbutier. Les mots allemands, s'émiettaient, se décomposaient, me décourageaient.

III   Comme si quelqu'un me tuait lentement, très lentement, cela durerait toute une vie. Comme si quelqu'un appuyait très lentement sur ma gorge. Je sens ses doigts, je sens la douleur, cela dure toute une vie. Ce n'est pas seulement cela, il appuie aussi sur ma bouche, il ne veut pas que je l`ouvre, il ne veut pas qu`il en sorte des phrases allemandes, pourtant sur le français il n`a aucun pouvoir, cette langue il ne la maîtrise pas et aussi il ne s`intéresse qu`à l`allemand. Il ne veut pas que les mots allemands sortent de ma bouche, puisqu`il prétend que je ne suis pas du tout allemande, pour prouver cela il mettrait sa main au feu. Je suis une allemande avec tout le mépris qui pèse sur moi. Mes yeux ne peuvent plus voir, car il appuie aussi sur mes yeux. (Je pense à la note annexe qu`a ajoutée mon fils aveugle en bas de ses courriels, elle est du livre « Le petit prince » : « On ne voit bien qu'avec le cœur. L'essentiel est invisible pour les yeux. ») J'ai toujours été dépendent de mes yeux pour voir toutes choses, je m`accroche à eux pour en faire mon monde intérieur. Je sens la douleur de sa pression sur mes yeux. Il bouche aussi mes oreilles. C`est une mort lente, je ne bouge plus. Il m`a incorporé, il m`a dans son corps, je vie, mais ce n`est plus moi, c`est son corps qui a tout éteint en moi, il dit qu`il ne vaut pas la peine que je sois encore en vie, que ma vie a été une erreur, depuis toujours, depuis le début, depuis ma naissance. Déjà dans l`intérieur de ma mère, dans son utérus, j`étais trop, non aimé et elle a trouvé dommage que je ne me sois pas avortée moi-même après l'essai échoué d'elle, la paysanne qui conduisait le tracteur dans les trous du chemin à travers les champs.

Cet allemand qui me tue lentement, qui met son poids sur moi, cet allemand qui a réussi que je ne sois pas à moi, que je ne m'appartiens pas, est devenu un fantôme qui me hante à l'intérieur. Je ne peux plus voir le monde, ni l'entendre, ni m'adresser à lui, c'est l'allemand qui s'est mis à ma place, il remplit mon monde intérieur, je ne peux penser qu'à lui, il est le commencement et la fin. Il n'existe rien en dehors de lui. Je sens son poids, je sens ses mains autour de mon cou, il me serre la gorge mais jamais complètement, car cela étoufferait sa jouissance, il se réjouit malicieusement que je suis entre ses mains, qu'il me contrôle totalement. Il a besoin de moi, je n'ai pas encore compris pourquoi lui, l'allemand a besoin de moi, pourquoi il ne me lâche pas, pourquoi il ne s'en va pas, pourquoi il ne me quitte pas, son poste de surveillance, de menace continuelle. Il ne peut évidemment pas vivre sans moi, parce qu'il a peur de moi et il lui faut contrôler cette peur. C'est peut-être cela : En me contrôlant, il contrôle sa peur de moi, parce que je suis allemande comme lui, mais je suis une allemande autrement que lui, je suis contre lui et cela il n'aime pas du tout. Il a besoin que tout le monde soit pour lui, parle sa langue, répète ses mots, il faut qu'on soit comme lui. Il est vraiment un pauvre type, mais je suis entre ses mains. Je me demande si ce n`est pas possible de lui échapper, s`il n`y a pas une chance pour cela. Je me méfie de moi-même de ne pas trouver cette chance, une issue à cette douleur.

IV   Il y a des gens qui vont en France où ailleurs et y achètent une maison, un appartement où y vont pour les vacances. Tant dis que moi, je reste comme cloué à l`endroit où j`habite depuis trente ans, un endroit allemand. Je m`accroche à l`allemand qui m`étouffe lentement, très lentement, c`est la mort, c`est lui sur moi, sûr de lui, il en a besoin. En nous réside la peur. La peur est en nous. Je ne bouge pas, je ne le peux pas, je suis sa proie, cela a été comme cela depuis toujours, pourquoi donc me plaindre. En outre je ne peux pas me plaindre, c`est lui qui me soutient après tout par sa peur, qu`il maîtrise, en me voyant entre ses mains, en me voyant lentement mourir, étouffer. C`est lui qui veut se sauver, il pense qu`il trône sur ma mort, il pense qu`il est plus fort, que je meure avant lui, bien qu`il soit dans son intérêt de ralentir ma mort, la retarder, d`en faire une mort lente, très lente. Pour moi aussi c`est dans mon intérêt de prolonger la torture au lieu de mourir, puisque j`ai tout de même l`espoir que cela s`arrêtera un jour, qu`il mourra par exemple d`une crise cardiaque où bien que ses forces physiques ne soient plus en formes et du coup je serais capable de me libérer, de me déprisonner de son corps, de lui.

V   Obama disait dans son discours que tous sont égaux devant Dieu, qu'ils soient juifs où islamistes, qu'ils soient chrétiens où incroyants. Un de mes connaissances, un peintre anglais à Paris s'exclamait il y a des années : » Cela vous (les allemands) occupe encore ?! » Pas tous les Allemands, mais moi cela m'occupe et cela m'occupera toujours les millions de juifs qui ont été assassinés par les Allemands.
D. E. disait dans son courriel : « Jamais je n'ai pensé aux soldats allemands comme étant tous des SS. Ils étaient allemands, faisaient leurs devoirs de citoyens. Il ne faut pas les confondre avec les nazis. » Dans un autre courriel : » Je suis sûre que ma mère (assassinée à Auschwitz) n'aurait jamais ressenti de haine envers le peuple allemand. Simplement nous nous devons de ne jamais oublier de manière à ce que cela ne se reproduise plus jamais et envers qui que ce soit. »

Trois jours de paix. Ce matin j'entends à la radio que les Israéliens ont recommencé à faire feu, que les Palestiniens fuient Gaza.

Mon fils revenu de Dublin après cinq ans, est reparti pour passer un an au Kerala en Inde, il m'envoie par courriel une photo de lui, elle le montre en jupe indienne, avec ses doigts il fait un signe de victoire, il est heureux d'avoir réussi à être là. Ils sont 28 aveugles de tous les pays qui y suivent un cours, ils apprendront comment fonder un projet pour aveugles dans des pays ou les aveugles ne sont pas encore des égaux, respectés et intégrés.

VI   J'attends le train qui passe sous terre, en attendant je pense que j'oublie beaucoup, on oubli peut-être tout, on est dément. Je vois au mur une grande affiche qu'annonce une exposition d'un sculpteur femme en montrant aussi une de ses sculptures. Je connais ses travaux, j'ai été même dans son atelier et de celui de son ami, mais je ne me souviens plus de son nom. Cela m'irrite que j'oublie des noms et qu'est-ce qui encore ? Imperceptiblement on oublie et perd quoi que ce soit. Parfois un nom revient. Je ne sais pas si le nom sur l'affiche est celui que j'ai connu, c'était la seule visite chez elle d'il y a deux décennies et je n'ai pas retenu son nom. Je pense qu'on oublie peut-être tout et peut-être on en devient fou.
Le U-Bahn sort du tunnel, à travers les vitres on voit des maisons et jardins garnis de givre blanc. Il n'y a pas de gens. Rien ne bouge. Je ne

vois même pas un oiseau dans l'air. Tout est congelé, dans l'immobilité tout est oublié. Dans l'oubli on est sans passé, sans futur, sans présent. On est hors du temps et si on est hors du temps on n'est plus.
Le U-Bahn s'arrête à la station « Borgweg ». C'est là ou mon fils est allé à l'école et avant au jardin d'enfants. Il a été tombé aveugle à l'âge de trois ans et demi et cette école était une école pour les non-voyants. Un jour la jardinière d'enfants m'a dit que la surveillante l'a cherché sur le terrain, elle l'a trouvé caché dans les buissons. Quand elle lui avait demandé ce qu'il y faisait, il a répondu, qu'il pense à son père (qu'il n'a pas connu), il se demande qui il est et où il est ?

VII J'ai répondu « Oui » à la question du peintre anglais. « Oui, cela m'occupe encore. Je suis même hantée, partout où je vais j'emporte en moi un abîme avec des millions de morts juifs et des autres innocents. Leurs tortures. » D.E. écrivait : » Il ne faut pas prendre sur vos épaules ce lourd passé ». Mais je suis une Allemande !

Quelqu'un appuie sur ma poitrine, sur mon corps allongé, sur mes lèvres, sur mes yeux, mes oreilles, c'est très grave, la pression est telle que la terre s'ouvre, je m'enfonce dans la terre, c`est un suicide. Je me réveille : Un suicide ? Parce que je suis coupable, on dit que je suis coupable, on l'a toujours dit. D.E. ne pense pas que je sois coupable, mais est-elle sûre ? Elle n`est pas venue en Allemagne, elle ne vient toujours pas. Elle voyage beaucoup à l`étranger pour y faire connaître les livres de sa mère morte à Auschwitz et aussi pour son propre livre d`une survivante, mais elle n`est pas venue en Allemagne où j`habite, le pays des coupables, des assassins, des tortionnaires. Je pense elle ressentirait une trop grande douleur en mettant ses pieds sur le sol allemand. Le sol allemand évoquerait inévitablement la douleur de la Shoah. Elle a accepté le portrait à l'huile que j`ai peint de sa mère sur une toile de 50 à 50 centimètres, je le lui ai envoyé en France, elle en était contente, même heureuse et écrivait : « Ma mère est arrivée à bon port tout à l`heure. Quelle émotion ! ..Ce.. portrait qui représente en plus un lien entre une allemande et une juive, quel beau symbole !.. » J´aime bien D., mais je ne crois pas qu`on se verra un jour. Je n`ose pas lui demander un rendez-vous. Je suis une Allemande.

VIII   Ma mère disait, qu`elle ferait tout très bien et correctement à tout moment. Toujours et tout. Il n`y a pas d`exception. Il n`y a pas de doute. Jamais. Elle est convaincue qu`elle a toujours tout fait correctement. Elle ne réfléchit pas à ses actions. Tout est bien. Elle avance sans se retourner. Cela ne causerait que le chaos, ne servirait à rien, en tout cas ne lui servirait à rien. Elle déteste les gens qui cherchent quelque chose à reprocher. Elle pense que je suis l'une d'entre eux. Elle déteste mes questions. Pourquoi questionner ? Ça sert à quoi ? Elle pense que je voudrais la détruire, que je voudrais trouver quelque chose en elle qui n'est pas bien, qui n'est pas tolérable. Elle me renvoie à ma place d'une enfant muette. Sa fille. qu'elle a toujours voulu muette. Elle a menacé l'enfant. Son enfant serait pour toujours muette sinon, ce ne serait pas son enfant. D'ailleurs un enfant restera toujours un enfant, son enfant, même si cet enfant devait atteindre l'âge de 60 ans et plus. « Je serai toujours ta mère, tu n'y peux rien. C'est comme cela. Tu resteras toujours mon enfant, une enfant muette, j'ai droit à mon enfant. C'est moi qui sait ce qui est bon pour toi, mon enfant, ce n'est pas l'enfant qui le sait. L'enfant n'a aucune voix ! Personne ne m'enlève mon pouvoir sur toi ! Pas toi ! Tu resteras muette ! Tu dois prétendre que tu n'existes pas, c'est le meilleur pour toi, je le sais, je suis ta mère. Puisque je suis ta mère je sais, ce qu'il te faut et ce qu'il ne te faut pas. Tu n'as pas le droit à une existence indépendante de moi, tu n'as pas le droit de te montrer en public, tu devrais te cacher, alors tu ne ferais pas de mal, tu ne peux pas te contrôler, moi, je peux te contrôler, je suis ta mère et on n`avance pas dans la vie si on ne se contrôle pas, c`est nécessaire de porter un masque pour que personne ne te reconnaisse, ta vraie personne, qui tu es. Cela ne les regarde pas. Je ne leurs montre pas mon vrai visage. Mais cela tu ne comprendras pas. Je t`interdis de me poser des questions quelconques pour me connaitre, pour mieux me connaitre comme tu dis, ça ne sert à rien, ça détruit tout, ça détruit nos masques, on perdrait la sûreté, le chaos nous gouvernerait. Il ne faut pas poser des questions et causer des ennuis. Tu resteras muette, je le sais, je suis ta mère. Je suis ta prison, tu ne peux pas y échapper, tu resteras dedans, dans mon corps. T`as peur de sortir, je le sais, je suis ta mère, t`as peur du dehors, je le sais parce que je te l'ai toujours dit qu`il faut avoir peur du dehors. Tu ne peux que penser mes pensées, tu ne peux pas sortir de moi, je ne t`accoucherai pas, je ne te laisserai pas vivre selon ton goût. Tu n`es qu`une enfant, tu es à moi, tu es mon enfant, c`est tout. Tu resteras mon enfant muette cachée dans mon ventre. Que peux-tu y faire ?!

Ma mère manifeste un rire qui se renouvelle sans cesse. Soudain elle s`arrête de rire. Elle s`approche de moi, baisse sa tête vers moi qui est assise et elle commence à parler très bas, on dirait elle chuchote mais elle élève sa voie subitement : « Si tu étais faite comme moi, je te laisserais vivre, mais tu es contre moi, je le sens. Quelque chose en toi me résiste, ce n'est pas bien pour une mère, tu dois à ta mère une obéissance absolue, mais sans que tu me le dises tu révoltes contre ta mère bien que tu doives l'aimer sans réserve, si tu étais une bonne enfant tu ne dirais rien contre moi, même tes pensées resteraient pures. Malheureusement je sens que tu n'es pas bonne, au contraire, tu es mauvaise, tu n'es pas digne de vivre. La mère devrait être tout pour toi, mais toi - je me méfie de toi - tu gardes tes silences. Ce n'est pas bon ça, une mère mérite tes confidences les plus intimes, car c'est elle qui sait te conseiller, te diriger dans la bonne direction. Tu me fais peur, toi ! Je ne sais pas ce qui se produise en toi, si, je le sais, je suis ta mère et la mère sais tout de son enfant, mais je me demande si tu es vraiment mon enfant. Quand j'y pense, j'arrive à la conclusion que ce n'est pas possible. Tu dois être un monstre ! Oui, un monstre, t'as bien entendu. Je ne le sais pas dire autrement. Nous sommes allemands, mais toi tu es un monstre allemand, tandis que moi je suis une allemande comme il le faut. Si tu avais vécu dans mon temps, tu serais selon toute probabilité comme moi, tu me comprendrais, tu serais une allemande forte comme moi, mais toi tu es venu au monde après la guerre, donc tu n'en sais rien, de ce que c'est une vraie allemande. Tu ne connais que des reproches. Ce comportement n'est pas acceptable. Non, t'es pas une allemande, je ne peux pas t'accepter. Ta patrie n'est pas Allemagne, si ta patrie était l'Allemagne tu serais une personne fière, mais toi, tu n'es pas fière du tout, tu n'es rien, tu es cendres et poussière, poussière grise, cendre grise. Les cendres comme celles des morts qui ont été brulés dans les crématoires. Je te déteste parce que tu ne comprends rien des vrais allemands forts, les vrais allemands sont faits du l'acier Krupp. Ton père exigeait d'être dur comme l'acier Krupp. Mais tu fais partie des faibles qui ne sont rien. Je t'ai conseillé de te réduire en cendre, parce que tu ne seras jamais forte. Tu n'as pas une volonté de fer, t'as rien, tu craques à la moindre chose. Je ne t'aimes pas, on ne peut pas aimer un être tel que tu en es un. Ta sœur, c'est autre chose. Elle ne m'a jamais posé des questions, elle savait se conduire, elle savait se contrôler. Elle est une allemande, c'est sûre, elle est comme moi. Ce n'est pas pour rien, que vous n'êtes plus en rapport. Comment le veux-tu ? Elle est extravagante, elle est sûr d'elle, elle a une tête, et cette tête est allemande, tu sais. Elle ne me demande rien, tu sais, elle n'en a pas besoin, elle pense comme moi, elle est comme moi, je suis comme elle, elle est de ma génération bien qu'elle soit une enfant d'après-guerre, mais elle pense comme moi. Elle a des pensées de fer et elle en est fière. Je peux m'identifier avec elle, nous sommes un, nous sommes allemands.

IX   Ma mère ne connaissait pas des juifs, elle faisait semblant qu'elle ne savait même pas ce que c'était, « Est-ce que c'était une chose ? » J'étais désespérée. J'aurais tant aimé qu'elle se souviens des juifs déportés, assassinés, tués dans le gaz, qu'elle les pleure, mais au contraire elle ne faisait que nier leur existence. Un jour je lui ai montré une photo dans un journal allemand montrant un jeune couple et un enfant, chacun d'eux portait l'étoile jaune bien visible sur le manteau, dans les mains ils portent leurs bagages. C'est la déportation. La réaction de ma mère me bouleverse : « Cela peut être un mensonge », dit-elle, « il n'est pas dit que la photo reflète, représente la réalité. « Ma mère était déjà vieille, moi aussi, bien que moins vieille qu'elle. Je n'en pouvais plus, j'ai réussie à retenir mes cris de désespoir et quittait la chambre ou elle était assise sur mon lit. Je la fuyais pour ne pas devenir folle, pour ne pas éclater en reproches, pour ne pas l'engueuler, pour ne pas risquer une crise cardiaque ni de son côté ni du mien. J'ai pleuré dans l'autre

chambre et je me suis décidée de ne plus jamais aborder ce sujet vu son âge. J'aurais aimé partager les sentiments de souffrance et de culpabilité suscités par l'aveu qu'on a été un peuple meurtrier. Mais selon elle admettre une culpabilité, ce n'est pas allemand. Les soldats allemands, la Wehrmacht et les nazis allemands doivent rester des héros advienne que pourra, coûte ce qu'il peut. Elle n'a pas accepté la défaite. Son dicton : Si l'Allemagne avait gagné la guerre… . D'après elle c'était la faute des autres que l'Allemagne n'a pas gagner. Ce sont les autres les vraies coupables, qui ont empêché la victoire de l'Allemagne, sa victoire légitime. Elle inversait les rôles et n'acceptait pas que les allemands doivent assumer la responsabilité pour les millions de morts, pour l'occupation des autres pays, pour la souffrance de millions de gens innocents persécutés et torturés.
J'ai honte.

La peinture

La croix n'est peut-être plus une croix, parce que j'ai tourné le tableau rectangulaire, je peux mieux supporter la croix comme cela. Le tableau donne maintenant une impression différente. L'imposante verticale - plus longue que l'horizontale - est imposante parce qu'elle est au premier plan, tandis que l'horizontale est à l'arrière-plan.

Sur un autre tableau l'horizontale est plus longue que la verticale, elle est une barrière pour la verticale qui se trouve maintenant derrière, et qui voudrait passer devant, mais l'horizontale l'empêche de se mettre au premier plan.

Il y a sur le tableau une relation entre les couleurs et aussi entre les deux mouvements, celui de la verticale et celui de l'horizontale, le rouge est en arrière-plan. Il est empêché d'être au premier plan. La barrière, l'horizontale, est bleu.

Sur le prochain essai, cette fois-ci sur un carré, j'ai donné à l'horizontale et à la verticale la même couleur pour arrêter la lutte entre les deux, j'ai donc accepté la fusion des deux.

On dirait que ce n'est plus une croix au sens chrétien du terme, ce qui d'ailleurs n'a pas été mon but de toute façon.

Sur trois toiles carrées il y a le rouge foncé, le bleu clair, le bleu foncé et le vert clair. Je changerai peut-être la couleur rouge, parce que le rouge foncé contient trop de matière, ce qui rend le tableau sombre, on s'y perd, on y est éteint, on devient ce rouge foncé, on y disparait. C'est ce qui se passe aussi avec toutes les autres couleurs, mais le degré est différent.

Sur un autre tableau j'ai supprimé le rouge foncé complètement, j'ai mis dessus un bleu foncé, mais ensuite je l'ai encore changé en bleu clair. Le rouge étouffe tandis que le bleu clair donne l'air pour respirer.

La croix chrétienne se fait voir de nouveau.

Au mur de ma chambre une image sur laquelle on voit un jeune couple juif, portant des étoiles jaunes sur leurs manteaux. Dans leurs mains leurs bagages. Un petit garçon à leur côté. Dans le regard des trois personnes on voit l'effroi, car ils doivent se rendre à la place de la déportation. Ils ont dû laisser tous leurs biens derrière eux. Devoir partir, avoir aucun endroit où on est accepté, partout où on arrive on sera chassé.

Maintenant le bleu clair est dans la verticale. Finalement j'ai également peint en bleu clair l'horizontale, le fond est blanc teinté avec un peu de jaune. Cette croix a quelque chose de paisible dû à la forme et aux couleurs. Le bleu clair fait penser à l'eau, au ciel, à quelque chose de liquide, qui rend possible la respiration tandis que toutes les autres couleurs fortes sont plus ou moins étouffantes. D'autre part, si les autres couleurs n'étaient plus là, ce serait comme une privation de vie. Donc la lutte, la dureté, la jouissance,… sont nécessaires, les couleurs de la vie.

J'ai tourné les tableaux dont le fond est jaune pour y retrouver la croix. Le fond des tableaux est jaune, toujours un jaune différent mais jaune. J'ai rétabli la croix. Elle ne me fait plus peur, au contraire, la croix en soi est devenue une sorte de concentration, de recueil, elle offre une réduction, la possibilité de reprendre ses esprits. Par contre les différentes couleurs mènent aux espaces émotionnels, spirituels et psychiques.

La croix en soi représente la réduction de l'esprit, la concentration sur l'essentiel et cela est « Dieu », le repli sur soi. Signifie cela que la vie extérieure n'est que vanité ? Non, elle est pour quelque chose. Pour nous faire comprendre l'intérieur à travers l'extérieur et inversement. Ce sont peut-être les deux faces d'une pièce si ce n'est pas plus compliqué que ça.

J'ai continué à donner à l'horizontale et à la verticale la même couleur, j'ai été d'accord pour la fusion, cela évite une distraction superflue et un manque de l'orientation.

J'ai peint quatre croix bleues, une croix bleue avec différentes nuances, et trois croix violettes aux tons différents. Les fonds sont jaune clair, bleu clair, rose clair. La taille des tableaux est différente.

Je peux dire que la structure d'une croix me plaît. D'autre part elle fait aussi un peu peur, car elle est le symbole de la vie et de la mort, elle nous rappelle la mort, la fin de notre vie, que notre vie terrestre est limitée, donc elle nous fait penser à notre vécu, comment nous avons vécu, lequel a été notre « destin », notre parcours, ce que nous avons pu réaliser, la vue sur nous-même, sur notre lutte, sur notre égoïsme, sur notre créature pauvre, ce que cela a été notre vie.

Au début je ne pouvais pas supporter la croix, je l'avais peinte, oui, mais j'ai tourné le tableau, la verticale plus longue que l'horizontale était devenue l'horizontale, la nouvelle verticale était plus courte. Cela me faisait moins peur, une longue horizontale et une courte verticale.

La croix m'avait effrayé, parce que j'y avais vu la vérité de la vie qui est la mort. Je me suis cachée en croyant de ne pas être capable de supporter cette confrontation.

Le tableau encore et encore tourné et le changement permanente des couleurs, ce conflit persistant ne me plaisait pas. Mais je n'y voyais aucune issue.

Voir la croix rétablie me soulageait, car c'était définitif, c'était exactement le motif le plus central et vrai et profond.

Mais quelque temps après j'ai attaqué la croix. Elle me semblait trop immobile, raide. J'ai commencé à faire revivre le tableau, à quitter les formes strictes, raides, sans courbes, sans lignes courantes. J'ai effacé la croix, la forme. Je suis revenue à créer une surface sans objet, sans symbole important, donc il n'y a plus de relation, car l'objet manque.

En ce moment la surface est remplie des répétitions. Ce qui se répète, c'est une sorte de modèle, de motif. Celui-ci se compose de coups de pinceau ou de la main. Le mouvement est devenu plus important que le symbole ou l'objet.

Cette manière de travailler me rappelait ma peinture avant la croix, la peinture des milles petites pièces sur la toile de toutes les couleurs vives ce qui peut rendre fou.
À l'époque je ne pouvais pas supporter un plus grand morceau qu'un centimètre carré, donc j'ai toujours taillé les morceaux plus grands.
Je suis alors revenue sur les milles pièces, mais cela ne marchait plus si bien qu'avant et ne me donnais aucune satisfaction.

J'ai donc divisé la surface en seulement quelques pièces et je me suis rendu compte qu'entre-temps je pouvais mieux supporter des morceaux plus grands, aussi j'ai atténué les couleurs vives, je cherchais plutôt une harmonie que des contre-points, des oppositions, des contrastes comme le bleu et le rouge.

Une couleur principale et ses couleurs voisines, par exemple plusieurs nuances de rouge, six champs rouges de tons différents s'étalent sur la toile. Je me sens un peu apaisée, moins tiraillée entre deux pôles, le froid et le chaud, le bleu froid et le rouge chaud.

La lumière est Dieu et Dieu est la lumière et la couleur contient de la lumière, n'existe que par elle. J'ai parfois tendance à abandonner la peinture à cause de ma frustration. Mais le désir de toucher aux couleurs, les voir apparaître me remplit de joie.

Je pense que ma peinture n'est peut-être pas de l'art indépendant, mais manifeste ma relation avec Dieu. Je suis toujours à la recherche de Dieu, de l'éclaircissement, de la lumière en couleur et mot, d'une révélation. C'est peut-être trop dit. Je ne suis pas une croyante pratiquante si ce n'est pas à travers par ma peinture et écriture. Dieu est inaccessible.
C'est à cause de cela que le processus continue.

Poèmes en français (d'environ 2005)
Légèrement modifiés
(Un extrait du livre « Der seine Stirn an den Baum legte",
Un recueil de 220 Poèmes, 1967 – 2017)

Le soir
Il neige
Le matin
La vie vacille

Le soir

Le soir
A son geste
Le genou
Son articulation
Ta bouche
Est un
Raisin doux
Une raison d`être
Avant de partir
À l`échafaud

Le cœur
Se lève
Le cœur
Soupire

Les
Mots
Volent
Vont
Et viennent

Imperceptible
Murmure

Le fleuve

Les brouillards
Remportent
La victoire

Il neige

Il neige
J`ai
Des pieds
Froids
Dans
Ce café
Vide

La musique
Neige
Dans
Ce café
Vide
Froid

Le café
Ne réchauffe pas
Le cœur
Non plus
Le cœur
Vide
Froid
Dans ce café
Vide
Froid

Enneigé
Le cœur
Vide
Froid

Aucun
Rayon
De soleil
Un
Jour
Triste
Printemps
Été
Automne
Sont
Passés

Il en reste
Une rivière
De tristesse
Pour
L`hiver

Une
Blessure
Profonde

Il neige
En

Moi

La douleur
En
Moi

Dans
Ce café
Vide
Froid

Le matin

Le matin
Est
Encore
Jeune

Il pleut
Sur
Ta
Tombe

Tu me souris
À travers les fleurs
Qui s'épanouissent
Chaque été

Je
Me
Demande
Si
Tu
M`entends
Si
Tu
Vois
Mon
Sourire

Pendant
La floraison
Des fleurs

Mon cœur
Épuisé
Lutte
Contre
La chaleur

Ton
Lit
Était
Ma
Tombe
Où
Tu
M'avais
Dit
Ma
Colombe

La vie vacille

La vie
Vacille
En moi

La nausée
En moi

Je perds
Pied

La vie
Éphémère
En moi

Je perds
Mon équilibre
Mon pied
En moi

La vie
Vacille
La mer
Prend
Le pouvoir
Sur moi

Les vagues
Dansent
Doucement
En moi

Je suis
Prise
De vertige

J'entends
Le bruit
De la mer

La vie
Vacille
En moi

La nausée
En moi

Un drame
Se déroule
En moi

J'ai
Perdu
Mon
Équilibre

Il n`y a
Plus
De terre

Mes pieds
Sont
Sur
La mer

Les Poèmes de 2021

Le sourire
Les douleurs
La chambre à soi
Les larmes
Une petite reprise
Le durcissement
Le cauchemar (Ils frappent à la porte)
La nuit sans sommeil
La fille douce
L'aveugle
La lettre
La peur
La gelée blanche
L'homme

Le sourire

Être sur terre
Mais ne pas avoir
Trouvé sa place

On erre
Dans l'atmosphère
Dans l'espace
Les pieds sur terre
L'âme
En lambeaux
La face
Vers le haut
Les yeux
Regardent
Le ciel

Le ciel
Ne promet
Aucune aide
S'exprime
En couleurs
Dans des formes fluides

L'âme erre
Parmi les autres âmes
Rencontrant

Des visages glacés
Qui n'ont pas
Non plus
De soutien

Soudainement
Une personne
Me sourit
Je souris
En retour

Heureuse
J'emporte
Avec moi
Le sourire
Que j'ai reçu

Il
S'efface
Jour après jour

Les douleurs

C'est ce qu'il reste ?
Les douleurs ?

Le corps enflammé
Nouvelles
Inflammations
Tous les jours
Jusqu'au
Dernier coup
Au seuil de la mort

Comme les amants
Qui accumulent depuis
De nombreuses années
Ce qui les a dérangés
Chez l'autre

Et tout à coup
Ils accusent
L'ancien aimé
De tout
À la fois

Détruisent

Ce qui a été déjà
En ruines
Invisiblement

Les douleurs
De mon corps vieux
Ont une longue histoire

Je n'ai pas trop
Fait attention
L'éducation exigeait
D'être forte
Plus que l'on ne l'était

C'était le durcissement
De l'époque
De ne pas faire attention
À ce qui fait mal
À la douleur
Répétitive

La vie s'écoule
Avec les douleurs
intérieures

Il y aura
Peut-être
Des douleurs
Encore pires
Au moment

Où la vie
S'arrêtera

La chambre à soi

Ce qui me frappe
C'est le va et vient
Les gens surgissent
Les gens disparaissent
Ils montent dans le bus
On ne sache pas
D'où ils viennent
Ils descendent du bus
On ne sait pas
Où ils vont
Cela m'embrouille

Dans la rue
C'est la même chose
Les gens
Se croisent sans cesse
Vont par ici
Vont par là
Tout le temps
Incessamment

Comme des robots
Comme des marionnettes

La peur

Que tout cesse
D'un moment à l'autre

Ma sœur ne prenait pas
Des transports publics
Elle faisait unité
Avec sa voiture
Noire et grande
Dedans plein de boutons
Colorés et lumineux
La musique à fond
C'est ma liberté
Disait-elle
C'était sa chambre à elle
Comme « la chambre à soi »
De Virginia Woolf

À la maison
J'erre dans ma chambre
Je me heurte contre les murs
Jusqu'à cela fait mal

Je sors de nouveau
Je fuis les quatre murs
Qui devraient me protéger

Dehors
Ce sont les murs
De l'anonymat
Contre lesquels

Je me cogne

La foule
Anonyme
Qui erre
Jusqu'à
L'absurde
Dans les rues

Je retourne
Á « La chambre à soi »
De Virginia Woolf

Ma chambre à moi
C'est la peinture
C'est l'écriture

Je continue
Á peindre
Á écrire
Je suis
Chez moi

Les larmes

Les larmes
Ne coulent plus
Depuis des années
Où sont-elles

Ce sont-elles transformées
En or
Comme dans les contes de fées
Certainement pas
Je les cherche

Peut-être je les ai
Déjà toutes pleuré
En perdant
Mon amour
Quand j'étais jeune
Croyant
À l'amour
Mais je n'étais
Qu'un jouet

Une petite reprise

La circulation
Le vent
La rue humide
Les tables du café
Sous l'auvent

La fumeuse
Crie
Dans son téléphone
La seule voix
Qui transperce
L'air

Le bruit des voitures
Des bus
Des vélos
Une sirène

Toujours la voix hurlante
De la fumeuse
Au téléphone

Je détourne
Mon corps
De lui
Regarde

Quelques plantes
Dont les feuilles ont pris
Les couleurs d'automne

Les cris
De la femme
Dans mon dos

La situation
Qui devrait être
Une petite reprise
Ne change pas

Je m'en vais
Tout de même
J'ai gouté un espresso
Décaféiné
Délicieux

Le durcissement

Il s'est montré
De son coté
Le plus dur
Qu'elle
Ne connaissait pas
En lui

Elle
Le connaissait
Plutôt tendre
Compréhensif
Dévoué même

Alors là
Elle
Avait reçu
Un coup de poing dur
Dans l'estomac

Elle
S'est courbée
Se pliait en deux
La douleur forte
Dans son estomac
Dans son ventre

Il était devenu
Insensible
À elle

Il partait
La voyant
Se tordre de douleur

La porte
Ne s'était plus jamais
Ouverte

Le cauchemar (Ils frappent à la porte)

Le soleil
Se lève
Largement
Répand
Sa lumière
Douce
Sur mon chemin
Et les alentours

Le cauchemar
De la nuit
Se réveille
En moi

Chaque nuit
Il me rappelle
Ce qui
S'était passé
Autrefois
A l'époque
Quand
Je n'étais pas encore
Née

Mais
« Cela »
Se transmet
De génération en génération

« Cela »
C'est le coup dur
Dans la nuit
Contre la porte de l'appartement
Que les bottes
Enfoncent

Dépêchez-vous
Sortez de là
Comme vous êtes
N'emportez
Rien avec vous
Vite vite
Dépêchez-vous

Les visages des soldats fascistes
Des SS
Sont impitoyablement
Durs
Agressifs
Brutaux

Des monstres
Qui poussent

Les familles à l'extérieur
Les enfants pleurent

Les camions
Les attendent
C'est la rafle

« Cela »
Se répète
Chaque nuit

Les appartements
Se vident
Jusqu'à ce qu'aucun juif
Ne soit plus vivant

Ils frappent à la porte
L'enfoncent
Avec leurs bottes

Je me réveille
De mon cauchemar
L'emporte avec moi
Dans mes journées
Essayant
De sécher mes larmes

Mais
Elles ne sèchent pas

Nuit sans sommeil

Où sont
Les connaissances et
Les amies
D'autrefois
Je remonte
Dans le temps

Hanne
Passe devant
Dans son
Fauteuil roulant
Des tubes
Pendent
De son nez

Autrefois
Elle dirigeait
Un bar d'artistes
Nous
N'étions pas
Des amies proches
Mais
Nous nous sommes
Rencontrées
Maintes et maintes fois
Au fil des ans

Également
Peggy Parnass
Une personne publique

Qui ne connaît pas
Ses rapports judiciaires

La nuit dernière
Quand je n'arrivais pas
À dormir
Je l'ai cherchée
Sur internet

Parce que
Ça faisait
Longtemps
Que je l'avais vue

J'ai appris
Que Ruth Peggy Sophie Parnass
Vit
Après une chute
Dans une résidence
Pour séniores et
Qu'elle aura
Bientôt 94 ans
Ses parents
Elle
Les a perdus
Au camp de mort

Treblinka

J'ai cherché
Margot Friedländer
Qui vient d'avoir 100 ans
Elle a survécu
L'Holocauste
Et témoigne
De ce qu'elle a vécu
Pour que
L'histoire sanglante
Ne se répète pas

Également Ester Bejarano,
Survivante
De l'Holocauste
Qui s'est éteinte
Cette année
À l'âge de 96 ans

Je ne sais pas
Ce qui m'a poussé
À le faire
Cette nuit-là
Une nuit blanche
Mais
J'ai aussi cherché
Des amies d'autrefois
Avec qui il n'y a plus
De Contact

On dit
L'internet n'oublie rien
Il enregistre nos traces
Même les plus petites

J'ai écrit à
D.
Bien que
J'ais hésité
Puisque à l'époque
Elle avait couché avec mon copain
Elle l'a voulu
Mais lui aussi
Sans doute

Longtemps après
Elle a eu
Un cancer du sein

J'étais désolée
Qu'elle ait dû vivre
Cette expérience
Terrible et
Mortelle

Elle s'est décidée
Pour une reconstruction
De son sein
Et un jour

Elle reprenait son travail

Une autre amie
N'était pas venu
Au rendez-vous
Dans un café
Alors
J'allais chez elle
Puisqu'elle habitait
Tout près
Pour lui apporter
Le tableau à l'huile
Dont j'avais promis
De lui faire cadeau

Elle
Avait ouvert la porte
Mais ne m'invitait pas
À entrer

Je devais rester
Dans le couloir
Devant la porte ouverte
Le tableau
De 50 à 60 centimètres
Dans la main

Elle avait oublié
Notre rendez vous

D'accord
Ce n'est pas grave

Mais
Qu'elle m'a laissé
Dehors
Devant la porte
De son appartement
Dans le couloir
Froid
C'est cela
Ce qui m'avait blessé

Elle voulait
Avoir le tableau
Que je le lui donne
Dans le couloir
Froid
Devant sa porte

Je ne pouvais pas
Elle
Ne m'avait pas
Invité à entrer
Elle ne m'avait pas
Offert un café
Elle
Ne voulait pas
Je ne veux pas
Disait-elle

En tapent du pied

Alors
J'ai répondu
Bon
Je ne te comprends pas
J'en suis désolée

Je m'éloignais
Je suis partie
Le tableau sous mon bras

La troisième femme
Je ne me souviens pas
De son nom
Je lui ai écrit
C'est certain

Si
Le nom est revenu
C'est une femme
Qui a émigré en France
Avec son époux
Au début de leurs 60 ans

Je lisais sur internet
Ce que les hôtes
Avaient écrits sur leur séjour

Chez eux
Je lisais environ 60 commentaires
Enthousiastes
Ravis du logement et
De l'accueil cordial

Alors
J'ai félicité
Dans un email
La femme
Dont le nom
M'était revenu

Pourquoi
Je leurs ai écrit
Peut-être
La solitude
Et la menace de mort
Toujours présent

J'ai même pensé
À écrire à l'ancien ami
D'une amie
Qui ne m'avait écrit depuis un an
Et voila
Arrivait d'elle
Un mail bizarre
Qu'elle ne peut pas prendre
Rendez-vous

Parce qu'elle ne savait pas
Si elle pouvait respecter la date
C'était un mail
Étrange
Car nous n'avions pas
Prévu de rendez-vous
Autrefois
Elle était
Une très bonne amie

Pas de réponses
D'eux
Peut-être
Que les vieilles amies
Sont déjà
Mortes
Car
La chute brutale
Dans la rue
M'avais appris
Qu'une vie
Peut se terminer
Rapidement
D'un moment à l'autre
instantanément
Sur place

**La fille douce
La fille innocente**

1
J'étais une fille
De 17 ans
Innocente
Douce
Qui ne savait rien
Du monde
Qui vivait dans sa bulle
Où elle rêvait
D'un prince

Qui devrait venir
Elle en était sûre
C'est ce que disait
Son éducation
De fille

Mais ça ne marchait pas
Alors
Se suicider

Elle allait voir
Un psychologue
C'était un faux

Elle ne le savait pas

En y allant
En vélo
Elle faisait
Une chute
Comme si
Son corps
Savait
À l'avance
Que c`était
Un faux
Un mauvais homme

Il avait l'âge
De son père
De sa mère

Elle ne pouvait pas savoir
Qu'il allait la violer
Détruire sa vie

2
Il ne disait pas
Vous
Ou toi
Il ordonnait
Descendre

Déshabiller
Monter

Une fois dans la voiture
Elle essayait
De l'empêcher
De la pénétrer
Elle
Le repoussait
À répétition

Il l'avait enlevé
En voiture
Dans une forêt
À côté de l'autoroute
Où il n'y avait
Personne
Qui aurait pu
L'aider

Peut-être les autres
Hommes
Seraient également
Des monstres
lesquels la violeraient
La tuerait
Aussi

De retour sur l'autoroute
Il

La forçait
De mettre
Son truc
Dans sa bouche
Ignorant
Sa douleur
Sa peur
De s'étouffer
Ça a duré
Une bonne demi-heure
Sa main sur sa tête
Pour qu'elle
Ne puisse pas se libérer

Lui
Ne lâchait pas
Le volant
Conduisait
La voiture
Qui roulait
Roulait

3
À la maison
Elle
Faisait
Comme si rien
Ne s'était passé

Ça continuait
Comme ça
Comme si rien
Ne s'était passé

C'était
Le mot de passe
Dans la famille
Il faut faire
Comme si rien
Ne s'était passé

L'aveugle

Il fait
Toujours
Noir
Pour un aveugle
Jour
Et
Nuit
Toujours

Pas de couleurs

Cependant
Il sent
Il touche
Il écoute

À merveille

Mais
Il ne voit
Rien du tout
Tout est noir
En lui
En dehors de lui
Le monde

Est noir

Nous avons
Disparu
Dans
Le noir
Dont
L'aveugle
Est rempli

Pas de couleurs
Il
Ne peut pas
Nous voir
Tout est noir

Pour lui
Nous existons
Par nos voix
Nos odeurs
Nos paroles
Nos touches

Notre apparence
Extérieure
Est Visible
Pour tout le monde
Mais pas
Pour les aveugles
Ils ne nous voient pas

Les gens
Sont invisible
Pour eux

Il fait noir
Dans leur intérieur
Et dans l'extérieur
Tout le temps
À chaque seconde
Il fait noir

La lettre

Pendant
Qu'elle
Marchait
Dans la rue
Elle
Se souvenait
Subitement
De la lettre

Il n'y avait
Pas de raison
Pour s'en souvenir

Elle
Retombait
Dans le temps
De sa jeunesse
Elle
Se voyait
Avec la lettre
Écrite
Par sa main

Elle était
Dégoutée
De l'abus sexuel

Qu'elle subissait
De cet homme
De l'âge de son père
De sa mère

La mère
Essayait de la persuader
De ne pas envoyer
Cette lettre
De séparation

La mère
Disait
Qu'elle serait la mère
Qu'elle devait lui faire confiance
Qu'elle ne devrait pas
Se séparer de cet homme
Qu'elle aimait
Elle
La mère
L'homme
De son âge
Dont elle avait tombée
Amoureuse
Elle
La mère

Je suis ta mère
Aie confiance en moi
Je suis ta mère

C'est moi
Qui a l'expérience
Toi tu es
Encore
Toute jeune
Sans expérience
Fais-moi confiance
Je suis ta mère
Reste avec lui

La fille abusée
Habitait
Chez ses parents
L'abus se passait
Sous leur toit
Ils le savaient

Surtout
La mère
Amoureuse de lui
Ne voulait pas perdre
Cet homme
Qui abusait
Sa fille
Sous son toit
Dans l'appartement
Sur le sofa
Du salon
Sur lequel
La mère

Leur faisait le lit

La mère
Était convaincu
Que ce serait pareil
À l'identique
Avec tout autre homme
Parce que
Les hommes
Seraient faits ainsi

La mère pensait
Que les hommes étaient
Des innocents
Que leur désir sexuel
Serait incontrôlable
Que ce serait
Leur constitution
Que Dieu
Les avait faits comme ça

La mère
Disait
Qu'il n'y a pas de
Meilleur homme
Que celui-ci
Qui l'abusait
Et dont elle voulait se séparer

La mère

Lui tendait sa main
Donne-moi
Ta lettre
Je suis ta mère
Aie confiance en moi
Donne-moi ta lettre

Elle
Se souvenait
D'avoir donné
Sa lettre
Personnellement
À l'homme
Qui
S'en moquait
Se moquait
D'elle
Ne prenait pas
Au sérieux
Ce qu'elle
Avait écrit

Elle
Ne se souvient pas
De ce qui est arrivé
À la lettre

La Peur

L'angoisse
La peur
L'une et
L'autre
Me suivent

Elles sont comme
Des grimaces
Sur les visages
Des autres
Que je croise
Dans la rue
Dans l'immeuble

Des grimaces
De monstres

Que
Veulent-ils
De moi
Veulent-ils
Mon appartement
Mes habits
Ma peau

Veulent-ils

Que
Je sois
Morte

Pensent-ils
Je n'ai aucun
Droit
D'être là
Sur terre
D'être dans
Le Monde

Qu'ils veulent
Exclusivement
Pour eux-mêmes
Pour leurs voitures
Leurs maisons
Leurs chiens
Leurs planches de surf
Leurs voitures de plus en plus grosses
Leur deuxième voiture
Leur deuxième maison
À la campagne
Pour tant de choses
Pourquoi
Voient-ils
En moi
Une coupable

Pourquoi

Me font-ils
Peur
Provoquent-ils
En moi des angoisses

Parce que
Je n'ai pas
De maison
De voiture
De planche de surf
De chien
De tant de choses

Ce n'est pas tout
J'ai
Peur
Aussi
De ma mort
Peur
De la maladie
De la caducité
De la vieillesse
Peur
De la dépression
De l'impuissance
De la misère
De la dépendance
Peur
D'avoir

Besoin d'aide
Peur
D'être frêle
De la fragilité

Peur
De perdre ma mémoire
Ma vue
Ma marche
Ma parole

Tout
Peut
Se perdre
La force
De bâtir une vie
De marcher debout
De parler
De chanter
D'embrasser
Tout
Peut
Nous
Quitter

Même
Notre
Dernier
Souffle

C'est
Le moment
Où
La mort
Est survenue
Le
Dernier
Souffle
Exhalé

La gelée blanche

Je marche
Sur le pré
Gelé
Et regarde
Sous mes pieds
La gelée blanche
Qui me fascine

J'entends
Le craquement
À Chaque pas

Je regarde
Le vert
Du pré
Qui surgit
Ici et là
À travers
La gelée blanche
Sous mes pieds

Ce que
Je vois

Entends
Et sens
Me fascine

C'est
La nature

L'homme imparfait

Est faillible
Vulnérable
Impuissant

Il
Souffre
De ses attentes
De ses besoins
De ses frustrations
De ses conflits
De la séparation
De la solitude

Nous
Ne pouvons pas
Supporter
Le fait
Que l'homme
Soit
Imparfait

Quel orgueil
Mais
L'orgueil
Précède
La chute

Ce n'est pas
L'orgueil
C'est
La peur

L'imparfait
Fait
Peur
Parce que
Cela
Rend
Dépendant
Des autres
Et cela
Fait peur
Aussi

L'aide
Qui nous donne
L'autre
N'est pas
Parfait

Parce que
L'autre
Aussi
N'est pas
Parfait

Pour cette raison

Il
Ne peut pas
Rendre
L'imparfait
Parfait

Le monde
N'est pas parfait
L'homme
N'est pas parfait

Il y a même ceux
Qui disent
Que Dieu
N'est pas
Parfait
Non plus

Le livre

« Peinture, Gravure, Dessin, Sculpture »
« Avril 1976 – Avril 2021 »

ISBN 978-2322219551

est disponible en France et en Allemagne

Le livre

« Nos échanges » (Janvier 2019)

est en rupture de stock